千寻 与世界相遇

千寻
Neverend

选题策划　张秀敏
项目编辑　张秀敏
　　　　　王　林
版权编辑　张烨洲
装帧设计　木
内文排版　史明明
责任印制　盛　杰
营销编辑　奚嘉阳

Worte
wie Pfeile

情感暴力

如何非暴力教养？

[德]安克·伊丽莎白·巴尔曼——著

李佳川——译

晨光出版社

没有暴力的童年是可能的

与孩子相处时，成人要负全责，这不容置疑！

"不要这样！""来吧，快点！""坐直，不要趴在桌子上！""你必须马上道歉！""快去做作业！""你要把我逼疯了！""没那么严重吧！""别小题大做了！""如果你现在不去打扫房间，我就把手机收走！"这些话你应该听过一两句。可能是你小时候听到的，也可能是你对孩子说过的——或者两者都有。这些话总是出现在童年里，用来"教育"孩子。

除了这些话，孩子们跟最亲近的人还学会了如何使用非言语方式施加暴力，比如有评判性质的手势、鄙视的目光、冷漠的态度。同时，孩子也学会了否定自己。因为如果一个人——孩子当然也是人——经常被批评，且很少有人问他真正需要什么，他可能会觉得自己做错事了，而且总是做错，这对个人的未来发展会产生致命的影响。

幸运的是，长期以来人们达成了共识，那就是禁止对孩子施加身体暴力，否则会受到法律制裁。尽管如此，身体暴力还是充斥在孩子的日常生活中。可怕的儿童暴力案件——出现就会在各大媒体广泛流传、发酵，引发人们的愤怒、恐慌情绪。几乎所有人都认为，对儿童施加身体暴力很残忍，并会对此加以痛斥——这是一个好现象。

然而，有一些暴力却鲜少被关注或被讨论，它们很细微，有时甚至无法察觉。虽然表面无迹可寻，但它们和其他暴力一样具有破坏性。这就是我想在本书中讲述的内容：经常被忽视的、无意的、日常发生的、不流血的、隐匿的、心理上和情感上的暴力。从我的生活经验和职业经历来看，伪装成"边界和后果"的惩罚，比如某些语言、眼神、动作，家长的期待和要求，严格的习惯等，都是这种暴力，几乎每天都会在家庭中上演：吃饭时、准备睡觉时、做作业时。这些暴力违背了孩子的需求，而施暴者正是"一切为了孩子好"的父母、教育机构的专业人员。出现这种暴力，并不代表父母不关心自己的孩子，也不代表他们是坏父母，或者这个家庭中存在根本性问题，而是因为父母把自己过高的期望，以及外界施加给他们的压力通通转移到了孩子身上。如今的父母都想做得比自己的父母更好，所有行为也都是出于好意，但他们几乎不会意识到错误并反思。他们无法从自己的经历中走出来，他们害怕失败，不知所措，并深陷在负罪感中。这正是本书的出发点，与完美无关，而是与内心的态度有关。

　　不论何处，都有因童年经历而痛苦的成人。他们来自"正常"家庭，接受了诸如无情的成绩压力、严格的规矩、被羞辱、隐私被侵犯、言语暴力和对行动的限制（比如不允许出门或不让看电视）等"常见的"家庭教育。此外，在很多家庭中，还有父母的长期争吵；有一些孩子甚至曾在亲朋好友面前被羞辱过。这种暴力影响着很多人。那些在童年时期像利箭一样直插心脏的话，至今还会伤害他们。

如果我们能勇敢地审视生活，敢于探究自己的内心深处，或许就能识别出这些伤害，并觉察到自己很想忘却。那些深埋心底的记忆，即使过了很多年，还是会在特定情境下一次又一次产生阵痛，这就是"触发点"。每个人都有触发点，我们有必要了解一下，以便学会应对。之后，当别人再戳到自己内心的痛处时，痛苦就会减轻一点。这些触发点可以描述为压力强化思维模式，主要集中在以下三个核心主题：

　　·我必须要完美。

　　·我必须要讨人喜爱。

　　·我必须得好好控制自己。

　　当我向父母和专业人士提出对儿童友好的教育建议时，触发点这个话题早晚都会出现。下面这个例子可以解释它是如何在日常生活中出现的。请想象一下，你是一位家长，要为孩子幼儿园的夏日节活动做一道土豆沙拉。你想展示厨艺，于是在有机食品店买了最好的土豆和配料，花了好几个小时才找到一个完美菜谱。夏日节前一晚，你把孩子哄睡就开始削皮、切菜，忙活了好长时间。你尽自己的最大努力想让沙拉完美，还用欧芹和萝卜花做了装饰，这又花了很多时间。你本来没那么多空闲时间，但你又不想错过这个活动，因为所有人都会参加夏日节，自己不想成为例外。夏日节活动非常成功，那天阳光灿烂，大家吃吃喝喝，玩得很开心。可在自助餐台上，唯独你的土豆沙拉无人问津。你此刻是什么感受呢？这对你有什么影响？你是否感到不受欢迎、失望、生气、受伤？为什么没人吃你的沙拉？你会对此作何猜想？

关键是，你不知道土豆沙拉始终无人问津的真正原因，而只会怀疑自己能力不足、不受欢迎。只要找不到真正原因，你的猜测就会显示出痛点——你的触发点。你很可能会一直和自己较劲，而那些对自己的负面猜想就成了你的敌人。

在本书第二部分，你会了解为什么进行自我审视和自我评价非常重要。这一部分内容关系到我们如何提高对情感暴力的认识，以及如何为孩子们打造一个自由的、有益的生活环境。

事实上，个人的成长经历会对自我表现有所影响，最终以信仰、内化的规范、价值观、情绪（恐惧和期待）表现出来。比如，如果一位女性的原生家庭成员都不常表达感受、不在意他人（比如邻居）想法，她就会深受影响，自己当了妈妈后也会无意识地如此对待自己的孩子，可能体现在某些习惯、教育实践行为、对孩子有过高的期待上。

现在的很多父母都不再沿用上一代的教育方法了，他们不再对孩子大吼，不再惩罚孩子甚至动手打孩子，而是专注于需求导向的陪伴。只要看一下社交媒体、育儿杂志和畅销书，你就会发现：教育 out（落伍），关系 in（时髦）——这非常好。

依恋理论认为，孩子需要亲近，有了安全的依恋关系，孩子才能健康地成长。现在，在家庭、幼儿园和学校里，越来越多的人开始充满爱地陪伴孩子，而不是用暴力教育孩子了。然而，从我的职业经历来看，像这样能够被称为"新式父母"的人还比较少，大部分父母和教育工作者依然在使用传统的、与需求导向相距甚远的教育方法。

如今，至少在官方层面，传统的教育方式已经彻底行不通了；可在大众层面，传统的教育方法仍然盛行。孩子们长期受制于严格的规范和要求，既不能参与决策，也不被当作个体来尊重。他们常常被巧妙地冷落、比较、忽视、羞辱、压迫和责骂，凡此种种，皆为暴力。这些童年经历不一定会造成真正严重的创伤，但会划伤孩子的心灵，还会对孩子的未来生活产生深远的负面影响。

有一次，我在一家意大利餐厅吃晚餐，发现隔壁桌有两对夫妇在点菜。其中一对夫妇有一个八岁左右的女儿，也坐在桌前。这家餐厅很小，没有现成的菜单。餐厅经理拿着写有当天菜肴的小板到每一桌前报菜名及价格。四个成人很快就点好了，然后，所有人都看向女孩。很明显，女孩有些局促，因为她无法立马决定吃什么。她爸爸顿时有些不耐烦："快点选好你要吃什么！就现在，快点，还是你觉得这位女士会永远站在这里等你，直到你选好菜？你要是不知道吃什么，那就是不饿。"我看到孩子的眼里噙满泪水，慢慢陷入自己的负面情绪中，更无法点菜了。她靠向妈妈，妈妈马上给她点了茄汁意面。本就生气的爸爸反应更激烈了，在坐满人的餐厅里对他的妻子大喊道："你可好好教教她吧，我可不想再跟她丢脸了。"被丈夫如此严厉地责备后，妻子也满眼含泪，可她很快调整好情绪，再次和同桌人正常交谈。而那个女孩却孤单地坐在椅子上，看起来很难过、很疲惫，她望着前方，整个人显得很渺小。似乎这个家庭平时的氛围就是这样。我心生恐惧，不敢去想象这种氛围对孩子的影响。

我想呼吁父母们，以及在幼儿园、学校等机构中的教育工作者们，要多多反思自己与孩子的相处方式，摒弃陈旧的教育思维。从我过去几年在500多所幼儿园当指导员和讲师的经历来看，在幼儿园里，孩子往往不是最重要的，最重要的是机构的绩效；很多地方会把教育孩子等同于监管孩子，而不是陪伴孩子。造成这种现象的原因有很多：经济方面的预算压力、不重视儿童和家庭的价值，等等。在全球化的世界中，孩子常常被视为人力资本，被视为未来的职员和雇主，他们必须得在全球化的竞争中经得起考验。这种想象中的压力让很多父母害怕。

　　如今，我们对孩子及其家庭的要求非常高。很多成人和机构甚至要求幼儿园的孩子要有良好的表现和适应能力。因此，父母竭尽全力教育孩子，但过大的压力常常导致他们在无意中使用了错误的教育方法，而他们却觉得自己和孩子的相处方式很"正常"，实际上，这种"正常"往往意味着对孩子施加情感暴力。我们急需反思这种不经思考的相处方式，因为只有我们给予孩子充分的保护、关心、关注，他们才能成长为强大、健康、快乐的成人。通过与家长们的商谈咨询，我一次又一次地发现，我们必须得讨论情感暴力，也看到了我们的日常生活与需求导向教育这一目标之间的差距。

　　如果我们想一直生活在和平世界里，就要让孩子了解什么是和平，了解人们如何在不伤害他人的前提下解决矛盾。孩子会因此学会平衡各种需求，这样一来，每个人都有一席之地，没有一个人是战败者。

我们常常忘记，在成人、榜样、权威人物的权力之下，孩子有多无助；我们也常常忘记，我们今日播种的是明日会绽放的花朵。

我敢肯定，当你读到这些时，眼前出现了不止一个情景。比如，父母、祖父母、教育工作者的言行伤害了当时还是孩子的你，以致你到现在都难以忘记那时的情景和痛苦的感受。这就引出了最重要的一点：某些教育会给人造成精神伤害。

受到精神伤害的人会发展出一种"转移注意力"的技能。有些人尽管带着伤口或伤痕，却依然成为"正常人"，并且取得了出色的成就；而另一些人则完全不同，他们或是成了自己的负担，或是成了其他人的负担。受到精神伤害的人，总是更难对自己和生活感到满意，也很难快乐。在理想状态下，他们本可以身心健康地上班、谋生。然而，据一份德国健康和养老保险公司发布的报告显示，患有精神疾病的人数每年都在增长，其原因不言而喻。抑郁症、焦虑症和成瘾反应都不是凭空出现的，通常源于童年经历。

研究结果清晰地表明，如果某人的原生家庭中经常出现暴力行为，并且家庭成员认为这很正常，那这个人很有可能将暴力带到未来关系中。此处的暴力虽然指的是身体暴力，但精神暴力也是如此。在某种程度上，这与社会大氛围——强势与弱势、掌权与无权、左右和利用他人——有关。孩子可能会知道，自己被当成物品对待了，等他们有了权力，也会把别人当成物品对待。滥用权力本身就是一种暴力，会对人际交往产生影响，其广泛存在于工作、家庭（伴侣和孩子）、社交中……

如今，父母，尤其是妈妈的压力非常大。但是，不仅父母有压力，孩子也有，甚至孩子的压力指数更高，因为他们对自己的成长环境无能为力。当外部压力和过高的期望给父母造成巨大压力后，他们会变得愤怒，攻击他人，孩子的处境因此变得十分危险。

　　愤怒、恐惧以及其他负面情绪都属于人类正常情绪范畴，都有其存在理由和意义。但成人应该学会正确处理负面情绪，因为孩子会向成人学习，向榜样学习。因此，让家庭变得更有力量，就要把取得孩子的信任、满足孩子的需求当作育儿重点。

　　孩子不是小大人，不该服从于大人，也不该适应大人。孩子只是孩子，应该被当作孩子，被重视，被爱，被保护！孩子需要在家庭、幼儿园、学校、公共场所等安全空间中健康地成长。

　　人是行为主体，可以随时质疑指导自己行为的价值观。人也有改变世界的能力，而且已经促使很多事发生了改变。因此在与孩子相处时，不必拘泥于传统的、单一乏味的教育方法，而是可以采取不同的教育方式。

　　作为一个教育学家，我真心希望大家能将这本书当作我的呼吁，能够尊重儿童，给孩子创造一个（更加）非暴力的童年，以此给所有人一个（更加）和平的世界。我坚信，只要我们齐心协力，从个人层面和社会层面做出改变，就一定能够给孩子创造出一个非暴力的童年。

目　录

第一部分

孩子心灵的危机

第一章

暴力形式——家庭可能是最大的危险？

本该让孩子感到安全的地方，却给孩子造成最大的伤害。

在成人面前，孩子很弱小——在与孩子相处时，我们必须铭记这一点。孩子们在本该让他们感到安全的地方却遭受着最多的暴力，比如在家里和祖父母、父母、兄弟姐妹在一起的时候。这不是夸张，而是赤裸裸的、残酷的现实。

德国法医米歇尔·仇克斯和萨斯基亚·古达特合著的《德国虐待了自己的孩子》一书出版后，很多人对孩子在日常生活中遭受的身体暴力感到震惊，而且大多数还是发生在自己家里。大家之所以震惊是因为，在此书出版之前，鲜有人知道这世上竟然有很多父母会咬孩子，会用熨斗和烟头烫孩子，会把孩子捆住、关起来，甚至殴打出血。今天，这种情况稍有改善，但对孩子的虐待、漠视，依旧存在于很多家庭和教育机构的日常活动中。这需要我们所有人去关注、去行动。这些事情就发生在我们身边，并非发生在远方。我只是听说这种事就无法忍受了，根本做不到袖手旁观。"可能也没什么事，还是不要多管闲事了，这和我也没什么关系。邻居平时挺好的，这肯定不是真的，还是别惹麻烦了。"——这都只是抚慰自己良心的借口！

对孩子施加身体暴力这一行为很恶劣，我们不该无视。在这里，我先简单提及这个话题。因为在这本书里，我要探讨的是那些更细微、更普遍、更日常的暴力，其造成的伤害和身体暴力造成的伤害一样深刻。虽然不像身体暴力造成的烫伤、疤痕、淤青那样直观可见，却给孩子们造成了精神伤痕，这些伤痕通常要经过多年，甚至直至成年才会浮现出来，让人倍感痛苦。这些无形伤痕会对每个孩子产生深远的影响，进而影响整个社会。

如今，大多数父母仍坚信：必须要给孩子设定边界！直到十九世纪七八十年代，几个实验小组才对此提出了质疑。不过，近十年来，越来越多的人在撼动这一想法，而且他们得到了研究结果的支持。有越来越多的父母使用关系导向方法来教育孩子，这表明，有更多父母能让孩子免于遭受暴力，或者至少能意识到哪些言行是暴力。这些新式父母认真对待孩子，关注、关心孩子，让孩子参与决策，看得到孩子的需求。这不是说要满足孩子的所有需求，而是要尊重他们的需求。尊重也不是毫无边界的事事满足，而是经过慎重思考的尊重。我把这种边界称为"保护边界""同理心边界"。因为孩子不是孤岛，即使他们需要保护，也需要边界。

除此之外，还有些父母的书架上可能摆满了儿童教育专家的著作，除了这些主观看法，在我看来，"成人得教育孩子，而且要严格教育"的想法依然广泛存在于父母们的脑海中。只不过现在的严格教育孩子，不再是殴打孩子，而是贬低、羞辱、疏离、忽视孩子。很多人不知道，当他们这样对待孩子时，就是在施加情感暴力和精神暴力。

这种暴力通常会被看作"都是为了孩子好"而合理化。很多人仍相信，孩子不能被宠坏，不能让他们变成小霸王，他们必须精神足够强大才能在社会上立足。我已经记不得从父母和教育工作者那里听过多少次这种话了："要严格要求孩子，不然他们以后无法适应学校生活，无法应对生活。"我总是反问他们，如果为了让孩子能够应对可能会发生的饥荒，是不是也要先饿他们几天锻炼一下？

在本书后半部分，我会详细地介绍所谓"溺爱"到底是什么意思。接下来，我想先讲一些日常生活中的暴力，它们通常不以暴力形式出现，而是以父母们认可的，或者说社会所期望的教育形式出现。

援助之手——来自我的工作经历

如果人们能够意识到，在日常生活中根本无法追求完美，那我们就能让成人，甚至更多孩子去享受犯错，因为人是通过犯错来学习的。而学习的多少和快慢，依个体所学的内容和学习速度有所不同。作为一位拥有近30年实践经验的教育科学家，在实际咨询中，我从不敢向未明确提出需要建议的人提供建议，我觉得这是一种冒犯。不过，我会用思考题的方式启发他们，有时候也会讲讲我工作中的故事。

在这本书里，每一章都有一只"援助之手"，我真诚地希望各位可以"握"住它，因为在如此严肃和重要的议题上，所有人都需要这只"援助之手",而且只有大家共同努力才能带来改变。

　　家长和教育工作者来研究所找我时,都对如何与孩子相处有非常具体的想法。他们告诉我,在面对日常生活的挑战时,自己离理想中该具有的耐心、平静和理解相距甚远,而且常常对自己不满意。他们寻求方法和建议,阅读相关图书,最终发现:平和教育(也可以称为陪伴)的关键在于与自己的相处方式。在这类咨询中,我喜欢问他们一些这样的问题:

　　·对你来说,暴力是从什么时候开始的?

　　·你上次骂孩子是什么时候?

　　·你今天有没有说过类似"你真是没救了""你要是不……,就……"这样的话?

　　·为了让孩子达到你的要求,你今天有没有逼迫他、威胁他?

　　好在你已经知道自己犯了错,而且可能会继续犯这样的错。现在,你要么在今天剩下的时间里自我折磨,要么去看一看自己今天做对了什么,让自己高兴高兴,并且想一想要怎样向被你伤害到的孩子,表达你对他的爱和重视——就在今天,哪怕你们吵了架。

言语暴力的表现形式

不论是身体上还是情感上，孩子都很脆弱。哪些话、哪些行为、哪些目光会对孩子造成伤害，造成多大的伤害，以及对他们之后的生活有什么影响，都和外部环境、不同成长阶段的个人发展有关。儿童有一些重要的发展阶段，比如一岁之前、三岁左右的自主阶段、五到七岁的换牙期（孩子在这一时期非常敏感，因为他们的身体和精神都发生了很大变化）、被荷尔蒙控制的青春期（在这个阶段，青少年容易被情感忽视、被伤害或被排斥，因为他们正在步入成年，开始寻找并重塑自我）。

情感伤害并不总是来自让人印象深刻的冲击创伤，比如经历自然灾害和严重事故。事实上，与重要关系人的长期矛盾，或者长期目睹冲突，都是创伤体验，这通常被称作依恋创伤、发展创伤。如果用这一定义去观察创伤，那我们每个人或多或少都有童年创伤。我敢肯定，每个成人在童年时都曾受到过某种程度的情感伤害，无论是有意还是无意的伤害。

言语暴力可以直抵人心，对人产生破坏性影响。我们在小时候不也听过这些话吗？比如"你以后没出息""你真没用""你不行""你真笨""你真胖""我不是刚说过吗"。因此，本书旨在提高人们对暴力形式的认识，并给出一些方法，让我们知道如何用爱陪伴孩子，帮他们成长为健康强大的成人。

上述文字和接下来几章的内容，很可能会让你感觉内疚、羞愧。我希望你能看重这些感受，从而更好地了解自己和孩子，并以一种不同的、更加尊重和谨慎的方式与自我、家人相处。因为对孩子来说，家应该永远都是一个安全有爱的地方，而不是一个危险的雷区，不该因为一句话或一个错误的眼神引发"爆炸"。

2013 年，德国教育学家霍尔格·齐格勒教授做了一项研究，研究表明，在接受调查的 900 名六到十六岁的孩子中，有 25.1% 的孩子曾被大人说过"笨"或"懒"；21% 的孩子声称，大人让他们有过自己不如其他小孩的感觉。

试想一下，当孩子们坚信会爱他们、认可他们、关心他们的大人这样对他们说话时，会对他们产生什么影响？

前不久，我在超市里目睹了一个很典型的情景。一个三岁左右的男孩，看起来疲惫不堪，他大喊大叫表达着自己的不满。他妈妈神经紧张、束手无策，只会说："别叫了！我受不了了！你闹吧，我可走了啊！"又是一支言语利箭。谁都无法评测这支利箭可能带来的影响。或许这个男孩第一次被这样责骂，或许这位妈妈一贯就是这样说话。但可以肯定的是，这个男孩被吓坏了，矛盾升级了，两人的压力都比之前更大了。

脏话并不是言语暴力的唯一表现形式。言语暴力还表现为上述情景中妈妈的离开威胁，也表现为给孩子贴标签，贬低孩子，起侮辱性的名字，当众羞辱孩子，公开孩子的缺点，大声责骂，恐吓，阻拦，故意吓唬孩子，不停地告诫，否定，不重视孩子的情绪，不守承诺，开贬低意思的玩笑，忽略孩子，等等。

孩子在成为"我"的过程中是敏感的

不只是言语可能成为利箭，非言语的行为，比如翻白眼、故意忽视孩子、不让孩子说话，也都是会伤害孩子人格的利箭。成人的肢体语言和面部表情对孩子感知自己和世界有很大影响，而把减少关爱和不理会孩子当作惩罚，会对孩子产生巨大影响。如果成人向孩子传递出"我对你的爱是有条件的"这样的信息，孩子就会变成一个努力讨好大人、想得到爱和关注的人，进而为了得到关注而伤害自己，为了被爱而否定自己的需求。这一切都是致命的。

孩子需要了解自己，这包括允许他们有自己的边界、允许他们展示自己的边界、允许他们的边界不受侵犯，也就是说，他们的完整性会受到保护——但这里会涉及控制，控制也是一种暴力。侵犯孩子的隐私是一个很敏感的问题，哪怕是出于保护孩子，去搜他们的房间、查他们的手机。父母这样做会让孩子感觉自己保护的空间被侵犯了，失控了，而且自己的秘密可能会被父母用来责备或羞辱自己。请想象一下，如果你的孩子翻了你的手提包或床头柜，你是什么感觉？

所有这些言语或非言语暴力形式的共同之处，就是在摧毁孩子建立自我意象的能力，而此时孩子的自我意象尚未完全成形。一个人自我意象的建立一部分源于自我认知，但在童年时期，作为孩子，首先依赖于环境的反馈，先是最重要的关系人——父母、兄弟姐妹、教育工作者的反馈，孩子会从他们那里知道"我是谁"，以及这个"我"有什么价值。这源于人类的进化。和其他哺乳动物相比，人的大脑太小，在人刚出生时，大脑还未成熟，但人有很敏感的共振系统，可以通过社交让其慢慢成熟。镜像神经元是共振系统的中心，得益于它，我们在很小的时候就能感知到他人的情绪。婴儿通常会模仿妈妈无意识的反应，直到他们慢慢识别出妈妈做出反应的触发点。通过这种方式，婴儿慢慢知道了世上有一个"我"，有一个"你"，而且两者相互关联。但这种关联会受到干扰。

某些以关心孩子为出发点的教育方法，现已被证实其实会损害孩子的发展。最著名的一个例子是"哭声免疫法"，即如果婴儿在规定入睡的时间哭闹，成人要不予理睬，以便他们学会自己平静下来，最终睡到天亮。如今，已有科学证明，哭闹时得不到成人安抚的婴儿，学不会自己平静下来，反而更容易哭。最重要的是，这种方法存在潜在危险，可能会导致婴儿出现长期的依恋障碍，因为哭闹的婴儿知道没人安抚自己。另外，如果他们真的不哭了，那只是明白了：我可以想哭多久就哭多久，没人会来管我……最终，他们安静下来了。不知情的父母很高兴，觉得孩子终于安静下来了。这显然是个谬论！实际上，婴儿哭闹是有原因的，父母或其他监护人对哭闹的反应越快、越恰当，婴儿哭闹的时间就会越短。

所以，让婴儿"自生自灭"的哭声免疫法会产生很多恶劣后果。处于这一发展阶段的婴儿会迅速识别出周围环境的反应——是爱自己还是排斥自己，对自己漠不关心还是十分在意。从这些反应中，人便产生了对自己的第一个看法。我们将别人的反馈，内化为自我的一部分。

在婴儿期，大脑的各个区域会慢慢发育，以确保孩子在不同成长阶段都能强化自我。他们发现新事物，练习独立性，并与同龄人互动。与重要关系人的依恋关系对孩子的自我发展有至关重要的作用，可以弥补负面经历给他们带来的伤害。不过，如果与外界、关系人有过多的负面经历，孩子就会接收过多的负面反馈，并会将这些负面反馈内化，认为它们是真实的、正常的。情感暴力和前面提到的言语暴力，都会给孩子一个"自己有错"的自我意象——"是你做错了一些事，不然我也不会伤害你"，这就是一种负面反馈。因此，孩子明白了，只有去做他人想让自己做的事才是对的；孩子也知道了，表达自己的情绪是错的，如果自己生气、发火就会受到惩罚，所以不该有这些情绪。可这些情绪确实存在，并不会因为在"乖"孩子身上看不到，就代表它们消失了。相反，它们会被隐藏起来，悄悄地继续生长，或许在之后的二十年都很平静，也或许会以抑郁症或焦虑症的形式爆发出来。

这正是情感暴力的巨大风险所在，哪怕出发点是好的，要教育孩子，也会使孩子形成一种有缺陷的自我意象，在最坏的情况下，这一自我意象会伴随终身。"我不值得被爱""我不够好"的观念会深深地扎根在孩子的潜意识里，并对他们看待世界、看待自己的方式产生持久的负面影响。自我怀疑、焦虑、学习困难、不信任他人、与人交往不畅等，都会影响孩子的一生。有多少成人是到了中年才开始寻找自我的？很多吧。而且他们通常有一个共同点：认为自己的家不安全，因为他们在那里受到了很多创伤。很多人直到成年后才学会自我保护，他们在艰难的自我质疑过程中，反思童年和个人成长经历，最后发现，正是那些自己曾深信不疑的言语让自己的生活变得很艰难，比如"我尝试也没用""是我不够好"这些与事实不符的话语。

辱骂与儿童大脑的发育

了解自我意象的知识，个体主观体验和感受的神经科学基础知识，以及言语的力量，有助于我们理解言语对孩子的影响。言语可能会让孩子害怕、受伤，影响孩子的发展，甚至让其发展停滞。

大约二十年来，神经科学一直在借助功能性磁共振成像（fMRI）技术来寻找我们大脑中负责语言的位置。虽然目前还没有定论，但是研究表明，个体的真实经历和非真实经历，比如听到的、谈到的经历，在大脑中的反应没有区别。当大脑中负责处理恐惧、紧张、压力或期待等情绪的区域发生异常时，身体反应会随之出现。因此，言语暴力会诱发紧张、恐惧等情绪，会给孩子的大脑和身体造成压力。孩子从言语攻击中受到的威胁，和从身体暴力中受到的威胁一样大，这一点我们永远不能忘。所以，责骂孩子、羞辱孩子、逼迫孩子都是暴力，对孩子来说，这种"攻击"根本无法逃离，并且给他们造成了创伤。

哈佛医学院的马丁·泰歇尔和他的团队在诸多研究中证明，小时候承受过很多压力、遭受过情感暴力的人，其海马体的体积要比那些没有遭受过的人小，这可能是源于荷尔蒙对压力的处理反应，五岁以下的孩子更容易受影响。而海马体对情绪的评估、控制以及处理起着很重要的作用，在精神疾病的形成中同样起着重要的作用。你或许已经猜到了，这里说的是基本的抗压能力。当面对孩子的强烈情绪，尤其是愤怒时，成人常感觉压力很大。为什么呢？试想一下，如果一个成人在小时候遭受过暴力，那么当他看到孩子生气时，还能保持冷静吗？——听起来很符合逻辑，不是吗?

　　在上述提到的研究中,通过对实验对象进行脑部扫描,研究人员几乎检查出了所有能想到的虐待类型,包括身体虐待、性虐待、情感虐待,以及情感忽视。而研究结果表明,反复遭受言语暴力,比如羞辱、贬低和威胁,是日后患上焦虑症、创伤后应激障碍、边缘型人格障碍和抑郁症等精神疾病的主要原因。

　　试想一下,一个个子很高的成人,身体摆出具有威胁性的姿势,大声说着伤害孩子的话,那个孩子的身体会发生什么变化?心跳加快,皮肤表面张力降低,感知收缩,这时身体进入危险模式,释放压力荷尔蒙,为逃跑、战斗或者身体僵化做好准备。

　　几年前,美国分子生物学家伊丽莎白·布莱克本证实,压力是表观遗传学中激发不良基因的首要因素。可悲的是,这种压力从童年早期就开始了。紧随其后的就是言语的影响。言语会让人产生共鸣,就像音乐会在不知不觉中激发人产生联想或某种感受,根本不需要人主动做什么。言语会引发根本无法控制的心绪波动,而心绪波动早在我们学会说话之前就有了。所以,责骂孩子或者用其他任何一种言语暴力对待孩子,都会激发孩子身上的一系列反应。我还是要强调:孩子在成人面前很弱小,在与孩子相处时,成人要负全责!但成人也是人,难免犯错,我们可以给孩子道歉,弥补偶尔的失控,毕竟孩子也不需要完美的父母或完美的老师。不管孩子多大,如果他们能感觉到成人粗鲁的行为破坏了彼此之间的关系，那他们就也能感觉到充满爱意的、真诚的道歉是重新建立这段关系的契机。

当孩子必须照顾自己时

那些无法为自己负责的父母会把父母的角色强加给孩子，也就是"亲职化"。对孩子来说，这是一种狡猾有害的情感暴力，一次道歉根本无法弥补。亲职化会让孩子学会迎合父母的需求，而压抑自己的需求，这比平日里父母偶尔不耐烦地责骂所造成的伤害更大，影响的时间也更长。亲职化意味着社会角色的颠倒——孩子体会不到被照顾、被关爱，反而要扮演一个成人的角色。这种情况通常出现在父母离婚期间或离婚之后。

我想分享一个实际咨询中的案例。有一天，瓦尔特太太打电话给我，说很担心九岁的女儿芙兰茨，因为她的学习成绩越来越差。我们做了一次咨询，事情慢慢变得明朗。原来瓦尔特先生出轨了，瓦尔特太太想离婚，婚姻闹剧已经持续了好几年，最近几个月到了白热化阶段。芙兰茨告诉我，父母的大声争吵让她很痛苦，她希望"变态臭猪"爸爸可以搬出去，妈妈的不幸都是他造成的，只要他不在了，一切就会变好，她根本不需要他在家；只要没了他，她们母女俩的生活会好得多；还有弟弟乔治也不应该跟着这样的爸爸长大。她还告诉我，自己以前很喜欢爸爸，现在不喜欢了。后来爸爸搬走了，想和芙兰茨联系，但她不想见他。她从始至终把父母离婚的原因完全归咎于父亲。在九岁这个年龄，她还不能理解关系的复杂性。同样，她的父母也不明白，哪怕他们不是夫妻了，芙兰茨和她的弟弟依然需要他们。

在这个案例中，瓦尔特太太没有或者说没有足够好地将自己定位在妈妈这一角色上，她利用了女儿，只为确保地位，团结后援，提高自己的价值。对芙兰茨来说，这是一粒苦药，因为她还不能自我保护，只能和妈妈合作。

大部分六岁到十岁，以及即将步入青春期的女孩，在父母分开时通常会和妈妈团结在一起，疏远爸爸。因此，她们通常会对男性产生非常消极的看法，而且这种态度将会延续到她们未来的亲密关系中。这又导致新的痛苦，因为她们没有学会坦然地解释或澄清矛盾，而是用一种微妙的攻击态度去面对矛盾，比如把沉默当作对抗伴侣的武器。

让孩子承担亲职的父母"教会"了孩子为获得父母的爱而压抑自己的需求，并对外树立起一个坚强的形象。这一过程可能会深深地烙印在孩子心里，以致他们无法认识到自己的需求，也无法在未来的关系中满足自己的需求，不只在爱情关系中，在学校社交、职场社交中也是如此。亲职化使 25% 的孩子面临心理健康问题，比如自残、抑郁、社会性退缩、犯罪等。他们成了父母的"伴侣"或"代理父母"，承担了关爱者和调停者的角色。对孩子来说，这种负担太重了，给他们造成了不堪设想的后果。

情感忽视也是一种暴力

在情感上得不到父母支持的孩子就是被忽视的孩子。他们的物质需求可能得到了充分满足，但情感需求却没有得到满足。没有人倾听他们，没有人花时间陪他们，没有人了解他们和他们的世界。如果父母或者其他重要关系人总是专注于自己而没有好好地照顾孩子，那么孩子就会在学龄前出现一种"治愈幻想"，他们会幻想一个更好的未来，或者幻想自己是个"乖孩子"就会得到更多爱。他们经常会在家里扮演某些角色，比如扮演大人做家务，只是为了得到关注和重视。这一幻想或角色扮演变成了一种帮助孩子应对情感忽视的生存策略，但对他们的自我成长、自信的建立、信任的建立，以及与他人关系的建立等，都造成了沉重负担。

成人无法给予孩子足够的情感支持，这在日常生活中很常见。没有人能做到无微不至。我们都很忙——忙于自己，忙于工作，忙于担忧未来，忙于应对当下和过去的问题。在这种情况下，有意识地感受当下就更重要了。我们需要什么？孩子需要什么？孩子表达了什么样的需求？该如何来满足孩子的需求？这时，相比"好心人"给出的"不要给予孩子过多关注"的提醒，成人更应该相信自己的直觉，表达自己对孩子的共情。因为给孩子很多爱不会错，但给太少则会产生灾难性的后果。

正向改变是可能的！

前面我们已经讲了很多令人不适的事实，在这里，我觉得应该用积极的态度结束本章内容。大家翻开这本书，或许是因为想与孩子好好相处，并反思自己的行为；又或许，你早已知道责骂和惩罚并不是正确的解决方案，故而开始寻找其他解决途径。我将会在书中详细探讨解决方案，但并不是命令父母满足孩子的要求，这一点大家大可放心。

在与父母和教育工作者沟通时，我了解到，来自工作和家庭的双重负担会给很多人造成沉重的压力。父母承受着巨大压力，他们想做到尽善尽美，这便制造了新的压力——置身于如此庞大的压力群之下，人会更容易对他人施加情感暴力。所以我们的首要目标应该是，尽可能减轻父母和孩子身上的"有毒"压力。

不幸的是，某些幼儿园和学校也早就不是让孩子快乐成长的地方了，人们还在使用言语暴力和非言语暴力教育孩子。

　　你会读这本书，就表明你想改变。虽然改变需要时间，但它是可能的。孩子是未来的希望，所以我们更应该努力创造一个新的未来，让他们不再遭受暴力，成长为快乐的、精神强大的人。

情
感
暴
力

第二章

"好心"办坏事——暴力
行为的根源

造成情感暴力的原因很复杂，多半源于施暴者自身的童年经历。

来自30多个国家的研究表明，全世界每三个孩子中就有一个遭受过情感暴力，有25%的孩子曾目睹过妈妈遭受其伴侣的身体暴力或精神暴力，这一数据可谓极其惊人。

造成精神暴力的原因有很多，探究它比探究造成身体暴力的原因更困难、更复杂。就身体暴力而言，社会已经有了共识：这样不对！而对于精神暴力，大众的认知却模糊得多。然而，在日常生活中，属于精神暴力和情感暴力的行为却比我们感受到的还要多。

社会需求导向的教育

如果父母按照现行的社会准则教育孩子，让他们在社会中尽可能正常"运转"，就意味着要把这个要求放在孩子的兴趣和需求之前。按时上床睡觉、准时上学、考试成绩优异、限制外出时间和地点等，在一定程度上是为了保护孩子免受其不良行为习惯之害，因为他们还无法评估自己的行为会带来什么样的后果；同时，成人也要迎合社会的需求，以此来规划家庭、教育孩子。依据儿童发展阶段，成人也可能延迟满足或完全忽视孩子的需求。毕竟其他人也有需求，尊重其他人的需求也很重要。

但并不是所有教育都出于这些原因，父母之所以教育孩子，是因为这是社会的要求。如果一个孩子哭闹不止，所有人甚至身边人都觉得是妈妈的错，她应该使出浑身解数让孩子停止哭闹。叛逆的小孩、吵闹的小孩、做危险动作的小孩，都需要被管束。

　　人们通常认为孩子和孩子的需求具有破坏性，父母的任务是用通常意义上的社会标准来管教孩子，让他们变成被社会认可的成人，但通常会以牺牲孩子的个性为代价。

　　可是，教育孩子不是应该要保护孩子的自我不受伤害吗？为什么孩子不能做真实的自己呢？当孩子因为生气或疲倦哭闹时，成人为何要制止孩子，而不是重视他们的感受，帮他们处理这些感受呢？周围的吵闹让成人感到很烦躁，那孩子呢？他们的哭闹会不会是在表达自己的感受，在做我们不（再）敢做的事？压抑了自己感受（尤其是愤怒）的成人和积极表达自己感受的孩子，到底谁更有问题呢？你有多少次想大喊，却没那样做呢？要知道，表达感受远比压抑感受更健康。

　　当然了，所有父母都想成为好父母，都想让自己的孩子成为"好"孩子。"好"孩子就是不吵不闹的孩子、成绩好的孩子、乖孩子，简单来说就是不惹麻烦的孩子。人们对"好"孩子的要求从他们幼时的睡觉和沙坑玩耍就开始了。如果一个三岁的孩子不愿意和其他小孩分享玩具，家长就会严厉批评他，或露出不满。但谁愿意一直和别人分享呢？你愿意每天早上和别人分享早餐吗？其实，孩子并没有兴趣当一个"好"孩子，也不愿意一直和别人分享，因为他们还无法理解分享的意思。他们只想发现自我和世界，获得爱和关心。当他们发现父母对自己的爱与自己的表现有关时，才会分享，也是从那时开始，他们开始对当"好"孩子产生了兴趣。

孩子不停地尝试新事物，是因为他们想理解、想学习，绝不是想挑衅。只要清楚地知道这一点，我们就能避免很多痛苦。

我想重点强调一点，孩子生来就有很多积极的财富，能让他们进行社会合作，这也是他们终身要依靠的能力。几个月大时，他们就能够共情了，这是与生俱来的能力，和教育无关。而我想要批评的"好"，指的是教育所要求的适应性——行为举止良好、乖巧，在这样的要求下，孩子学会了完全顺从父母的意愿，并压抑自己的需求。当孩子表现出不该表现出来的感受时，成人便用情感暴力和精神暴力惩罚他们，让他们顺从自己。比如，孩子在超市里当着众人的面发脾气，由于不能体罚，父母便施加无形的暴力，用"如果……就……"这样的话语威胁、责骂、侮辱或者逼迫孩子。

或许，在过去十年，暴力的形式已经发生了变化，但暴力产生的原因和造成的后果与过去并无区别。

"黑色教育"和虚假自我

与童年有关的故事很长，也很复杂。在接下来的内容里，我想说明一下为什么情感暴力依旧出现在孩子的日常生活里。

要明白这一点，我们得知道，童年这个概念存在的时间并不长。在18世纪中期，法国思想家让－雅克·卢梭将童年解释为需要受到保护的生命阶段。但在当时，孩子还是常常被当作劳动力，用以保障财产、家庭的延续，以及为父母养老。随着启蒙运动、18世纪和19世纪市民社会的兴起，儿童的童年开始发生变化，中产阶级壮大起来，而且生育的孩子也较少，在相关科学知识的支持下，他们开始通过知识教育和严格教养来促进孩子的发展。但是，这种做法在一定程度上受到了德国改革教育学家的批判。

在纳粹德国时期，以纪律和强硬手段为导向的教育方法倍受推崇。直到20世纪80年代，依然有很多年轻妈妈在阅读1934年出版的《德国母亲与她的第一个孩子》，该书的作者约翰娜·哈雷尔把孩子当作"敌人"——原文中的确用了这一词——认为妈妈应该忽略孩子的哭闹，或冷处理孩子的哭闹。这份沉重的"遗产"直到现在依然存在，仍然有很多人害怕孩子会因为得到关注而被"溺爱"。虽然过去和现在所做的一切都是所谓的"为了孩子好"，可有趣的是，很多孩子并不喜欢这个"好"。德国作家卡塔琳娜·鲁奇基将这种教育称作"黑色教育"，它要求孩子听话，并用"带新时代特色的"手段来实现这个目的，比如羞辱这类严厉惩罚，其核心就是对抗本能——压抑孩子的需求，贬低母子之间的爱。

我深爱的祖母曾提到，现在的妈妈奇怪极了，一直在"舔"孩子，还抱着孩子四处跑。她说的"舔"其实是亲吻！对我祖母来说，这只是一句随意的话，可对身为教育学家的我来说，这是她深受社会影响的证据。祖母对我表达爱的方式是做无比美味的饭菜，和我一起唱歌，一起庆祝节日，以及对我进行充满爱的严格教育。她很少通过肢体表达爱——虽然她很喜欢别人拥抱她或亲吻她。

当时的社会环境在一定程度上禁止妈妈对孩子表达爱意。直到今天，这个观念都没有消失，不对孩子严加管教的妈妈还是会被指指点点。诚然，碍于社会压力，过去的人们几乎没有机会能做到和别人不一样，但现在世界变得多元化，人们对新的想法和做法也更包容了。

即使在今天，"黑色教育"仍然盛行，包括羞辱、打击、恐吓、逼迫等。我已经无数次看到幼儿园的孩子被惩罚去拼一张特别复杂的拼图了。在向我咨询时，有些父母也会跟我说他们的惩罚措施，比如让孩子写 50 遍"我不再招惹我的同学，并且会听老师的话"，或抄写 50 遍校规。哪怕这种惩罚根本不起作用，但他们依然会用。

最初，"黑色教育"是为了驱除儿童身上的邪恶，当时人们认为人性本恶。今天，我在日常工作中遇到的一些人仍然认为孩子需要打磨，就像钻石只有经过切割才能璀璨夺目。他们说："生活打磨了我，生活塑造了我，生活描绘了我！"可问题是，人为什么要和钻石比较？人为什么会觉得自己无法对生活产生积极影响？有这种想法的人或许是因为很早就在生活中学会了被动接受，并且承受（忍受）着"生活"的重担。

根据成人对儿童的这些设想，瑞士心理分析师爱丽丝·米勒提出了她自己的"虚假自我"的概念，即迎合父母需求的自我。"虚假自我"并非与生俱来，完全是通过教育传递给儿童的。

20 世纪 70 年代，欧洲兴起新教育改革，它试图通过反权威的方法，消除"黑色教育"造成的后果。最著名的是英国的夏山学校，它是一个进步主义学校。在那里，学生可以平等地参与学校决策。之后，新教育改革的一些观点也进入社会中，比如，对孩子施加暴力是不合适的教育方法，暴力的后果就是"培养"出病态的成人，他们很难适应社会，生活得很痛苦。

科学研究发现，严格的教育会直接导致孩子出现精神疾病、身体问题，这引发了人们的反思。中产阶级的父母不再依赖权威，而是开始用充满爱的关注、关心和支持来教育孩子。

不过，权威依然存在，不管过去还是现在，它都是情感暴力和精神暴力的准入口。根据我的观察，几乎每个家庭都有携带自家特点的精神暴力和情感暴力，其中一些被一代一代传了下去。比如"你要是不听话就回家去"或"警察马上就会过来把你带走"。

这些都是父母听过的很有用的话术，毕竟他们也曾被这样吓唬过。这种控制、威胁很有效，因为它会从精神和情感上伤害孩子，让他们害怕，最终服从父母的意愿。孩子们得乖乖上床睡觉、打扫卫生、降低音量。只有满足父母的这些要求，孩子的日常生活才能顺利进行，整个家庭也会在亲戚、邻居面前，在幼儿园和学校里展示出一个"好"形象。

援助之手——来自我的咨询经历

现在，26 位经验丰富的幼儿园教育工作者坐在我的教室里，疑惑地看着我。我告诉他们，如果他们希望孩子的行为有所改变，那自己的行为也应该有所改变。

孩子没按照成人的要求做事，比如没有好好穿上衣服或脱掉衣服。面对这种情况，你会很生气，但你为什么生气呢？原因真的是孩子没有好好穿、脱衣服吗？还是孩子没有达到你的要求，或没有足够快地达到你的要求？是哪里让你生气呢？你可以思考一下生气的感觉是从哪里来的，想想自己是不是也被如此对待过。我猜，你可能会想到自己童年时不愉快的经历。

请你再回忆一下，你当时想要什么，你当时的需求是什么，要如何做才能满足这些需求。如果你已经有答案了，那你现在就可以满足自己的这些需求，因为你已经成年，可以掌控自己的生活了，而且只有你自己才能做到，因为这是你的生活。请你给自己内心那个失落的孩子一些当时没有得到的东西。我坚信，如果你对自己好一点，那你自然而然地就会对孩子更好。

或许，你有时会刻意冷落孩子，把孩子关起来，不再关爱他们，并以此当作对他们的惩罚，这是别人曾对你做的事吗？我把这些问题留给教育工作者们思考，如果你愿意，你也可以思考一下。

有很多事情会伤害孩子的心灵，并对他们持续产生负面影响。比如，"我一直想要一个男孩"这个根植于父母的脑海中的想法会让很多女孩潜意识里认为，自己必须表现得像个男孩，才能得到父母更多的爱和关注。她们会试着变狂野，不穿裙子，理男孩子气的发型。然而，她们内心深处的想法却是：我来到了这个世界，却没有人喜欢。

"别人会怎么想？"这句话也完美地反映出父母常常施加给孩子的压力。人们理所当然地认为有人没管好自己的孩子——这似乎是我们在社会中最重要的事，却没人去问一问这些孩子是否得到了很好的照顾，他们是否开心。在这种社会氛围下，那些没有被父母管教好的孩子会被视为危险因子。这种外界施加的压力会导致家庭内部出现情感暴力和精神暴力，但它并不是造成该暴力的唯一原因。

造成情感暴力和精神暴力的原因

要想深入了解情感暴力和精神暴力是如何产生的，以及其恶性循环为何难以打破，我们必须深入挖掘其根源。通常情况下，根源都在父母的童年和我们的社会结构里。

攻击行为是人类行为之一，其目的是自我主张。纵观人类历史，攻击行为让人能够在危险中生存下来。然而，超越防御目的的攻击行为具有破坏性，对他人、对自己都是如此。如果被攻击、被大声责骂或被虐待，人就会产生攻击性，同时也向对方传达了无法停止的意思。当父母用言语伤害孩子时，不仅会给孩子造成情感伤害，还会让孩子生气，进而哭泣着宣泄愤怒。结果，孩子又因为哭闹被惩罚。最终，孩子只能压抑自己的愤怒情绪，而压抑愤怒情绪会毒害孩子的心灵，甚至会造成严重后果。

出于社会规范的需要，人会压抑自己的攻击欲，即压抑攻击行为的冲动。可如今人们经常使用权力和暴力教育孩子，这极易激发孩子的攻击欲，但同时又要求孩子压抑自己的愤怒情绪。你说，这是不是很矛盾？

通常，"乖"孩子长大后，很有可能变成压抑攻击行为的大人。他们不一定会对他人施加身体暴力，但可能施加其他暴力，比如，在社交中辱骂他人，与他人发生冲突，教育孩子时易暴怒，在社交网络上发泄情绪。网络的匿名性让我们清楚地看到，当人愤怒且能隐藏自己的身份时，会有多么激烈的反应。

大多数人已经知道，对他人施加身体暴力会受到严厉惩罚，便不再使用。而对他人施加精神暴力所要承担的后果小一些，因为它更难被证明，而且不会留下明显痕迹。于是，我们总在无需担心后果的地方释放攻击性。请说实话，你更容易朝着老板大喊大叫，还是更容易朝着孩子大喊大叫？某人的愤怒通常针对的不是造成愤怒的具体某个人，而是更弱小的人，从而让其变成自己的受害者。愤怒的人只希望自己不再是受害者，并且很享受自己拥有的权力。

权力是造成情感暴力和精神暴力的关键原因。我们千万不要忘记，成人是掌权者，并借此执行自己的决定。对那些在童年和在其他场合无法掌权的人来说，这种权力体验令人迷醉。现在，他们终于有控制权了，然而他们控制的不是自己或自己的行为，而是孩子！借助权力，他们将自己的痛苦经历宣泄出去，进而缓解了自己心中被压抑的、被情感暴力或精神暴力造成的伤害。或许，他们没有一丝罪恶感，因为他们根本没意识到自己在做什么。他们可能会因为自己小时候总挨打，便提醒自己不能打孩子，却忽略了其他的无形暴力，甚至会将自己的行为解释成积极的、良好的教育方式。但是，只要某个行为让人受伤了，那它就是暴力，我们要永远铭记这一点。

根据相关文献来看，不同暴力之间是有区别的，暴力的形式也多种多样，除了身体暴力和情感暴力，还有主动暴力和被动暴力，直接暴力和间接暴力，等等。例如，故意让他人产生依赖感和负罪感的人，施加的是被动暴力。我们在家里有多少次对孩子说过："你知道吗，我为你牺牲了全部，你还是有点感激之情吧。"又一次，言语的利箭射中孩子的心灵，并深埋于此。为什么孩子要感激父母的"牺牲"呢？是他们这样要求父母的吗？

美国社会心理学家阿尔伯特·班杜拉在研究中反复证实，人通过榜样学习。孩子通过观察榜样的行为，然后根据情况将其融入自己的行为中，攻击性就是其中一部分。他们知道，父母是在行使权力，并且有正当理由，也就是说，人可以行使权力，这和在沙坑里推搡其他孩子完全不同。孩子在接受教育时遭了情感暴力和精神暴力，被伤害、被羞辱，与此同时他又不得不接受父母是出于好意和关爱才这样做的理由，因为他们是"为自己好"。虽然孩子无法理解这些事，可他们会接受，就像他们会吮吸母乳一样自然。这意味着，只有将父母的行为与对自己的爱联系在一起，只有接受自己得到的爱是有条件的，孩子才能忍受这种矛盾，否则他们就无法理解父母的行为。

之后，在有可能行使权力和使用暴力的情况下，这类孩子便会自己诉诸这些手段，比如，当他们有了自己的孩子时，或者在与其他更年幼、更弱小的孩子相处时。一个人遭受的情感暴力和精神暴力以及面对强权的经历，是他在教育孩子过程中会诉诸暴力的两个重要因素。

另一个导致暴力出现的原因是压力和挫败感。在德国，25%的妈妈说自己承受着巨大压力，而压力较小的女性只有9%。据德国一家知名保险公司2019年的调查数据显示，40%的父母处于长期压力下——经济问题、事业与家庭的平衡、日常生活的管理，而教育孩子和照顾孩子是最大的压力源。

另一项研究证实，父母的压力、孩子的问题行为和有问题的教育方法，三者相互作用形成了恶性循环。如果父母压力过大，孩子更容易出现问题行为，因为这些父母没有足够的精力，用恰当的方法去应对孩子的需求和愿望；而当孩子出现问题行为时，这些压力过大的父母也更容易将不满诉诸情感暴力和精神暴力，甚至身体暴力。这些父母筋疲力尽了，虽然这不能合理化他们的行为，但至少可以解释这些行为。

攻击行为和压力有直接关系。人长期处于压力之下，对失望的承受能力会降低，更容易出现不加思考的冲动行为，以及情绪爆发。如果父母整天处于巨大压力下，要兼顾家务、孩子、工作，那孩子的抱怨可能都会突破父母的忍耐极限。于是，孩子成为发泄对象，只因为他们比较弱小。毕竟，比起分析自我，斥责孩子更简单。父母们通过责骂孩子、怪罪孩子、大喊大叫，强有力地释放了自己在日常生活中累积的压力。

拓宽视野：土著社会的教育方式

美国记者麦凯林·杜克莱夫想了解西方工业化国家的教育方式和传统土著社会的教育方式之间的本质区别，为此，她寻访了墨西哥的玛雅人、美国阿拉斯加的因纽特人和坦桑尼亚的哈扎人。最后她发现，这些地方并没有我们所认为的那些"良好"的教育。

首先，在杜克莱夫观察的土著文化中，成人与孩子之间有强烈的情感连接，即使孩子已经三四岁了，他们还会背着孩子走来走去，并且经常给孩子喂奶。在土著社会，人们互相信任，互相合作，没有恐吓和羞辱；他们尊重个人的需求，而不是按照别人制定的规则去行动。事实表明，在这种文化中长大的孩子很早就能自力更生，他们不仅有很强大的自我形象，还有团体意识；他们很少有攻击行为，除非在特殊情况下，比如战争、打猎和在特别的仪式中。

现在我们将目光转向自身。我们赖以生存的常理是什么？可能每个妈妈都听过一个善意的建议：你一定要在孩子面前坚持自己的立场，一味放纵会引发更严重的问题。孩子不应该一直表达自己的需求，不应该像暴君一样折磨压力已经非常大的妈妈。这似乎在提醒我们，孩子必须因此接受教育。现在，一个重要的关键点出现了，即教育是一种文化制度。虽然我们建立了这一制度，但整个社会都没有深刻地反思、质疑它，更没有考虑它是否还符合时代的要求。我们期望孩子成为一个强大、健康的成人，而这一文化制度是否曾经或者是否能继续帮我们实现这个愿望呢？

相反，很多成人依然困在专制教育的牢笼中。专制教育无法培养出真正强大的人，只会培养出不断迎合社会要求的、压抑自我的人。

父母都希望自己的孩子能成功、快乐。如果孩子不会因此被压弯了腰，这样的想法其实完全没问题。很可惜，在我的儿童发展咨询工作中，大部分受此要求的孩子遭受着极大痛苦，因为他们不仅无法实现他人对自己的要求，还会因此受到惩罚。有一个孩子突然不想去幼儿园了，所有人都在问为什么，我和家长、孩子一起寻找根本原因，发现是孩子在幼儿园受罚了。如果某个教育工作者要求孩子们只能在睡觉的时候使用安抚奶嘴或毛绒玩具，哭闹的孩子不能使用，那么两三岁的孩子就不得不遵守这个规定。但这并不会让孩子变得更坚强，恰恰相反，这会给他们造成压力，并阻碍他们学会自我调节。

对一些土著社会的文化研究值得我们深思。土著社会非常重视增强个人的自我价值，因为一个集体往往会从个人力量中受益。如果我们能减轻家庭的压力，就能设法让孩子变得更强大。但可惜的是，我们让孩子承受了教育压力，而教育压力主要来源于家庭里长期存在的压力。我在培训教育工作者时总强调，我们得反思孩子到底需要什么，父母对孩子有什么期望，尤其需要反思为什么很多父母不能放手，一直对孩子施行严格的教育——这是教育消极的一面。积极的教育是恰当的、不远不近的亲密关系。如果成人能与自己建立关系，那就能实现非暴力。这可能会很痛苦，但这痛苦一定是值得的，而且会让我们进步。

遭受情感暴力和精神暴力后，人还能复原吗？

20 世纪 90 年代初，罗马尼亚发生过很可怕的事情。当时，有记者发现，成千上万名儿童被遗弃，他们被关进收容所，在恶劣的环境中自生自灭。结果显示，这些孩子不仅智力低下，而且情感体验能力也非常有限。他们糟糕的童年经历永远地影响了他们。

遭受过情感暴力和情感忽视的孩子通常智力发展会比较滞后，尤其是大脑前额叶皮质会发育不良。这种发育不良可能会持续一生，让人很难调节自己的情绪。我们很难预测情感暴力和精神暴力的长期影响，因为其他因素也在起作用。也就是说，并不是每个孩子在遭受情感暴力后，都会出现严重的、长期的负面后果，后果严重程度和孩子的年龄以及暴力发生的环境、持续时间、严重程度有关，还和研究者们所称的复原能力，即那些对我们有益的心理防御机制有关。复原能力的强弱因人而异，也和其他因素有关。但可以确定的是：精神创伤会伤害人的整个机体和免疫系统。研究表明，遭受过情感暴力的儿童的海马体，即与情感调节密切相关的区域，发育相对较差。因此，这些孩子更容易受到压力的影响，也更容易被他人羞辱。因为他们没有学会认真对待自己的感受，不知道如何表达自己的感受，也不会将难受当作一种警告。难受会给人造成压力，而压力会让人产生攻击性。尤其令人心痛的是，这不仅会在精神层面，也会在生理层面削弱人的防御力。

　　尤其是心脏会因情感暴力加速动脉硬化，因此经常遭受情感暴力的人更容易发生心肌梗死。我们也可以这样表达，一颗从小就经常被虐待的心脏，会更早地停止跳动。这还不算完，遭受过情感暴力的人，身体炎症指标往往要高一些，可能会引发肥胖或其他慢性病，比如糖尿病。许多研究也表明，情感暴力与身体暴力会对人造成同样严重的后果。2017 年，德国莱比锡大学和德国联邦教育与研究部合作的一项研究表明，遭受情感暴力的孩子的皮质醇比较高，通过测量身体指标，研究人员测出了他们的精神压力更大。

　　令人难以忍受的是，我们依旧还在容忍成人在教育孩子时使用情感暴力和精神暴力。正是这种教育方式扰乱、伤害了孩子和关系人的关系，造成了教育创伤。其后果就是，受此教育的孩子长大后常常无法与他人建立安全、稳定的关系。他们往往不信任别人，回避建立关系，或总是陷入充满矛盾的关系中。焦虑、自我怀疑、吸毒成瘾、攻击行为、自残、抑郁症、自杀念头、饮食失调、身份认知问题，甚至人格障碍都可能是由情感暴力和精神暴力造成的。在第六章中，我将进一步讨论精神暴力、健康问题和依恋之间的关系。健康问题是否出现以及其严重程度是因人而异的，因此，在家庭和教育机构中给孩子提供各种保护措施就显得尤为重要。孩子需要亲密的、稳定的依恋关系，有了这种关系，他们就能更好地应对可能出现的压力，比如父母离异、贫困、校园问题、移民问题。幼儿园和学校也应该帮助孩子建立良好的关系。然而，我们离这个目标比离移民火星还要远。

在这方面，著名的考艾岛研究给了我们希望，这是一项由美国心理学家埃米·沃纳发起的研究，她在数十年的时间里观察了698个人的成长，其中很多人面临贫穷、被孤立和各种家庭问题。她的研究发现，如果有的孩子至少有一个可以无条件接纳他们的照顾者——这个人通常是祖母——会比其他人能更好地应对那些问题；而那些缺乏强有力情感联系的人通常会酗酒，人生会经历更多不幸，也更容易早逝。考艾岛研究展示了儿童复原能力，很有开创性。

因此，我认为，孩子应该与虽不负责抚养他们却对他们更宽厚、更慈爱的祖父母有更紧密的关系，以便保护他们与他人的关系可以得到充分的发展。这不仅仅适用于美国，也适用于其他国家；这不仅仅适用于祖父母，也适用于其他值得信赖的关系人。

第三章

迷茫的父母——教育方
法及其后果

"为孩子好"通常会对孩子造成最严重的伤害。

大多数父母处于两难境地：一方面，除了社会要求，作为人的本能和进化本能也要求他们照顾孩子；另一方面，他们感受到了这种责任的可怕之处，那就是所有事都可能出错，而他们要独自承担责任。因此，我们所有人，即整个社会认识到并履行照顾孩子这一责任的重要性。因此，父母们应该得到更多的社会认可和经济支持，比如开设免费的托儿所，让人们更有勇气生孩子。我认为，世上没有什么任务比陪伴孩子更重大、更艰巨。如果父母想做好这件事，而且也希望做好这件事，那么整个社会就应该给予他们支持、重视和理解。大部分父母愿意竭尽全力，只是他们不知道，自己不经反思的行为会造成什么样的后果。

幼儿园和学校里的"黑色教育"依旧未绝迹

有一些年轻而勇敢的家长摒弃了"黑色教育"，开始运用依恋式教育法，并且在陪伴孩子时以其需求为导向，优先考虑稳定、安全的情感连接，及时感知孩子的需求。在越来越多的科学研究支持下，这些家庭开始尽力摆脱那些陈旧、黑暗且如今依然存在的、明显对孩子有害的行为。

尽管如此，当自己孩子的行为习惯与幼儿园、学校的日常生活管理制度发生冲突时，这些家长仍会不知所措。因为当今教育机构中的日常管理依然是纪律惩罚。我在幼儿园工作时经常发现，迟到的孩子不能参加早晨的活动。我总听到人们说："谁不吃蔬菜，谁就不能吃餐后甜点。""你要是不闭嘴，我就把你的兔子耳朵剪掉！""所有人都到花园里去，还有你，你总慢两拍！"，以及"你想干什么是另外一回事，现在，你必须按照我说的做，因为我说了——停止讨论！"至今，我仍然能听到这些话。

孩子的个体需求通常不被重视，因为集体的良好运转更重要。其实，这本身没问题，集体当然也很重要。然而，最让我担忧的是，太多孩子的天赋和技能被忽视了，这是最不该发生的事！

这种恶性循环通常从托儿所就开始了，由于孩子太多，工作人员过少，在那里，批评、强制吃饭、强制睡觉、态度冷漠都是常态。这些恶劣行为会继续在幼儿园和学校上演，而且还多了成绩压力和排名压力。在学校里，孩子们必须得表现正常，不能提出质疑，不然他们就会因为表现不好被排到教室后面。而且，如果他们开始表示不满，或行为表现出抗拒的感觉，人们就会觉得他们病了。殊不知，孩子是在通过自己的行为进行自我表达，可惜很多老师不知道这一点。因此很多时候，老师都不知道孩子的行为到底是什么意思。

援助之手——来自我的咨询经历

有一次，我在幼儿园管理会议上做完报告后，在休息时间和大家一起喝咖啡、吃蛋糕。这一次，我没有像平常那样和他们简单寒暄，而是展开了一场深度讨论。我去取奶酪蛋糕时，一位在一家遍布全德的著名育儿机构工作的女主管，对我的理论提出了质疑："我想问一下，刚才你说孩子不需要边界，你真的这么认为吗？如果孩子什么事都能做，他们究竟要怎么适应生活呢？连我都不能随心所欲地做我想做的事，你不觉得你的观点太不接地气、太理论化了吗？其他专家也说我们不该允许孩子做所有事——你自己没有孩子，对吗？"我经常遇到持这种态度的人。但是我很喜欢这个问题，我解答道："是的，我没有孩子，因此我不是一个教人如何做妈妈的专家。我是一个教育学家，我很了解学习理论，对发展也略知一二。最重要的是，我知道早期的学习理论已经过时了，20世纪在老鼠身上做的实验也只是在有限范围内适用于人类。20世纪70年代有一个著名实验，当老鼠做出某个行为后，会受到电击惩罚，直至它们停止该行为。老鼠的这种行为被人为地'消除'了。有人相信这一实验也适用于孩子。如今，仍有专业人士将自己的教学法建立在斯金纳[1]的学习理论

---

[1] 美国心理学家，提出了操作性条件反射的概念，并将其运用于动物和人类行为中。——译者注

之上，该理论基于积极的和消极的条件反射。我还发现，那些关于欺凌孩子的文献真是不可名状，里边对孩子的描写都太过时了。我们知道，行为无法被消除，只能被转移。如果你按照成人的方式行事，行使自己的权力让孩子遵从你的要求时，请看看孩子悲伤的双眼。虽然你赢了，但代价很大——因为参与其中的所有人都输了！哪怕你坚持了原则，但依然感觉哪里不对劲。那么，你会对自己很不满意，孩子也会因为你严厉而冷酷的对待很不开心。这感觉很不好，不是吗？"

不同的教育方法及其共同点

教育始终在行使权力和获得回报之间不断平衡。有些教育方法将权力完全交给成人，有些则认为孩子也应该有一些发言权。当然，要解决"黑色教育"带来的情感暴力和精神暴力，并不代表要把所有权力交给孩子，这样的不作为也是一种暴力。孩子的发展需要的是可靠的环境和充满爱的陪伴，他们需要成人指明方向，而这又仰赖于成人如何指导，以及孩子自身的体验如何。父母是灯塔还是玻璃罩里的烛火？他们是榜样，还是让人捉摸不透的矛盾体？

如果父母不能根据孩子的需求陪伴他们，往往就会导致教育中的暴力。虽然它很少会留下淤青和皮带痕迹，但会留下精神伤痕。教育暴力可能发生在任何时候、任何地方，并不像很多人认为的那样只会在某些特定环境下发生。一些家境殷实、父母社会地位很高的孩子也会在电子设备上花费很多时间，因为尽管他们拥有各种高科技新品，但没人关注他们。虽然他们拥有一切，但情感匮乏，被成人冷落、被成人忽视。

　　根据不同的视角，可以区分出不同的教育方法。一般来说，教育方法大约可分为专制式、独裁式、民主式、放任式、反权威式、权威式、宽容式和平等式八种。根据不同的学科分支，它们有不同的名称，下面我大概介绍一下这些教育方法，或许能启发到父母和教育工作者。

专制式教育方法：所有权力归成人

　　专制式教育方法要求孩子绝对服从。成人是全能的，他们设立规则，孩子不遵守就要受到惩罚。孩子不能有自己的意见，不能自己做决定；只要离成人设定好的道路有一点点偏移，就会马上被纠正过来；如果孩子有反对意见，就会受到严厉惩罚。这一教育方法会阻碍孩子发展出坚强的自我，也会阻碍孩子与家长建立稳定、安全的关系。

　　请回想一下祖父母或父母对他们童年的回忆——很有可能，你从他们那儿听过一些关于孩子在幼儿园和学校被关起来或挨打的事情。

独裁式教育方法：奖罚分明

在这个方法中，最重要的也是绝对服从，但孩子在做出成人所期待的行为后会得到相应的奖励。这一教育方法对纪律和成绩有明确的要求，孩子没什么自由。这一教育方法的表现形式就是奖罚分明。战争时期的大多数孩子都是受这样的教育长大，如果他们没有进行自我反思，那么就会尝到被责罚的滋味。

反权威式教育方法：孩子做决定

这一教育方法出现于20世纪70年代，在这种教育方法下，权威彻底被颠覆。孩子自由发展，不需要遵守界限，不受规则约束，凡事都可以自己做决定，因为人们相信孩子知道什么对自己好。也许这一教育方法可行，但在一个孩子和成人都有需求的世界里，这肯定行不通。就像一首著名歌曲的歌词："世界在孩子手中。"听起来很好，可这样做的后果可能就是孩子迷失方向，不知道别人的界限在哪里，也不会懂得人与人之间需要互相体谅。

权威式教育方法：通过榜样来教育

这种教育方法最重视榜样的作用。孩子有很大的自由，但最后的决定权在父母手里。家庭成员之间经常交流，并会就规则清晰地沟通。父母起导向作用，完全符合"教育就是榜样和爱，除此之外别无他物"这句话，它由德国教育学家弗里德里希·福禄贝尔提出，他当时已经认识到，父母必须要知道如何好好地陪伴孩子。可是有一件事他似乎没想到，那就是做榜样很难，非常难，因为需要很强的自律性和警觉性，哪怕父母自己都做不到某些事，却要求孩子轻易地完成。比如一些小事，像是不让孩子插嘴，或是不让孩子直接用嘴对着瓶口喝饮料。

民主式教育方法：人人有权利

在这种教育方法下，父母和孩子是平等的伙伴。父母会向孩子解释自己做事的理由等，也会和孩子讨论。孩子有权质疑父母提出的规则，如果孩子能讲出道理，规则也可以改。不过，在事情悬而未决的时候，父母有最终发言权。放任式教育方法和这一教育方法密切相关，只是民主式教育方法没有惩罚，孩子被当作同样有尊严的个体。这一教育方法的好处是能帮助孩子克服恐惧，教会他们以关系为导向的交往，而且孩子能够学会有尊严地对待每个人，从而人人都尊重他人的边界。难道你不想生活在这样的世界里吗？

宽容式和放任式教育方法：我无所谓

这两种教育方法不像反权威式教育方法那么主动，更像一种情感忽视。父母对孩子毫不关心或关心甚少，孩子为所欲为，但父母并不是故意地让孩子自己照顾自己。

宽容式教育方法是父母允许孩子做任何事，并尽可能地给予夸赞。这是一种很阴险的暴力，因为父母一直在为孩子的行为开脱，也是一种很明显的情感忽视。在这种教育方法下，孩子自己需要关心的事情非常多，可只有他们非常具体地请父母帮忙时才能得到父母的帮助。然而，孩子需要引导他们方向的灯塔。

放任式教育方法也不以关系为导向，因为关系是相互的。接受此教育方法长大的孩子会为所欲为，也很难成为有责任感的成人。

图式的致命循环

良好教育的基础是依恋，怎么强调这一点都不为过！在本书中，我还会继续用"良好教育"这一称呼，因为我们不需要为其重新命名，这个名字本身就具有积极意义。安全的依恋关系可以让我们满怀人生之初的信念拥抱这个世界，自信地去探索生命给我们准备的一切。而且，安全的依恋关系能满足我们最重要的需求，让我们变得坚韧勇敢。

如果一个人很重要的基本需求在童年时期没有得到满足或没有得到充分满足，这个人身上就会出现一种行为模式，对整个人生产生负面影响。美国心理学家杰弗里·扬将这些行为模式称为图式，它深深地扎根于我们的情感和思维模式中，就像心里的一张地图，控制着我们的行为，但我们意识不到它的存在。扬将这种"人生地图"称为不良模式或适应不良模式，这是孩子应对压力时产生的永久性的应对策略。

　　图式本身并无好坏之分。最初，图式指的是一个人对自我行为的基本假设，目的是减轻大脑的压力，帮助我们给周围事物进行分类。所有图式，无论是正面的还是负面的，都在个人发展早期的某个时间点产生，在我们还没有完全意识到其存在时，就已经深深地刻在我们的体内，与我们一起成长，成为画在我们内心的"文身"。文身这个比喻很贴切，因为纹样其实也是自己选择的。

　　现在，请想象一下，你一无所知地去了一家文身工作室，不得不完全信任文身师的想法和技术，那你能做的只有希望自己会喜欢这个文身了。无论结果如何，这个文身都会成为你不可分割的一部分，而且让你与众不同。就像父母用他们的行为"标识"自己的孩子，并以此创造出某种图式。不可否认，这比喻有点不恰当，因为现实情况是你不一定去文身，即使去也可以选择工作室。但孩子别无选择，只能完全依赖父母和他们的出生环境。

　　如果孩子的需求——渴望获得关注、渴望稳定、认知边界、渴望自主——没有得到满足或没有得到充分满足，就会形成成年后还会影响他行为的图式，杰弗里·扬将这些模式称为"性格陷阱"，他一共分出了 18 种图式，涉及五大领域。

领域一：分离和拒绝。这个领域中包括的图式有遗弃、不信任、虐待、情感剥夺、疏离、羞耻、社交孤立。被遗弃的感觉来自不安全的依恋关系。对他人的不信任则源自与有自恋人格的人有过交往经历。情感被剥夺时，人的内心会感觉非常空虚。疏离和羞耻常常由羞辱和贬低引起。社交孤立则源于缺少与他人的接触。

领域二：自主性和能力不足。在这个领域中，由于父母不信任孩子，无法放手，孩子便产生依赖性，最终导致能力发展不足。父母的过度焦虑和过度保护让孩子感到害怕。由于缺乏父母的鼓励，孩子会害怕失败，导致自我发展不完善。

领域三：限制不足。这一领域涉及认知自我的边界和他人的边界。权力错觉图式表现为过高的自我认知和情绪失控。尤其在反权威式教育方法中，孩子面临着无法学会自我控制和无法融入社会的风险。

领域四：以他人为导向。屈从图式就属于这一领域。比如，父母不允许孩子有任何反对意见，孩子要牺牲自我，要努力获得他人的认可。那些不关注自己的人、不太会说"不"的人、想取悦所有人的人，读到上面这几句话时，也许会发出"是这样啊"的感叹。

领域五：过度警惕和压抑。这一领域中有消极图式，也就是指人总觉得会出现最坏的情况。专制式教育方法会导致孩子压抑自己的情绪，因为他们无法表达出来；还会导致孩子自我要求过高，比如完美主义和自我惩罚。他们相信人性本恶，包括自己在内的所有人都应受惩罚。如果没有可以惩罚的人，他们就会努力寻求更大的权力。"我怎么配这样？"便是他们常说的一句很经典的话。

图式对人的影响程度既和经历的强烈程度有关，也和这些经历是否重叠有关。人会同时使用几种不同的图式，这对大脑来说非常方便，可对精神来说并不那么舒服。如果某一图式在某一特定情况下被激活，人就会出现强烈情绪，比如害怕被抛弃，甚至还会出现莫名的悲伤情绪和愤怒情绪。

图式就像眼镜，可以观察世界，特别是观察亲密关系和如何为人父母。当人在非常亲密的关系中出现强烈情绪时，童年时期的图式就会重新被激活。受影响的人会发现自己无法忍受伴侣间应有的亲密关系，无法忍受自己的孩子大哭，甚至二者都无法忍受；他们非常多疑，非常焦虑和恐惧。但同时，他们很难甚至无法改变这种感觉和行为，哪怕试过各种心理方法，阅读了大量指南，依旧战胜不了。这也不奇怪，因为它是深深地刻在人的心灵上，而不是简单地涂画。

在这里，我必须得强调很重要的一点是，图式对孩子很有帮助，因为图式能训练孩子适应世界，发展出策略应对受伤的情形，从而尽可能完好地从中逃离。因此，图式治疗师提出了三种孩子可能选择的应对策略：屈从、逃避、过度补偿。尽管这些策略可以暂时分担他们的情感痛苦，可长此以往，孩子会将痛苦刻入心灵——恶性循环就此开始。

选择"屈从"策略的人永远无法学会表达自己的需求，并且会将自己放于从属地位；选择"逃避"策略的人会不惜一切代价避免冲突，同时回避社交；选择"过度补偿"策略的人通常有攻击行为和成瘾行为。这三个策略常常会连续出现，并产生相应的后果。

过度表扬和过度保护也是暴力

前面种种表述表明，惩罚是一种精神暴力和情感暴力，其实表扬也可能是暴力。惩罚和表扬都是以主观的方式影响孩子的行为。过度表扬会降低孩子做某件事的动力。孩子本来就能积极、充满创意、充满乐趣地探索世界，忘我地沉醉于各种事情中，如果父母或教育工作者经常过度表扬孩子，用礼物奖励孩子，长期关注孩子，孩子就会失去内在动力，最终只对外在动力有所回应，这样会导致最坏的结果，即孩子失去独立地做原本自己感兴趣的事的动力，只在能获得奖励时才去做。比如，如果他们能在短短几年内就得到等同于一艘游艇价值的奖励，也许他们就能取得好成绩。但当他们开始独立生活时，会缺乏内在的做事动力，他们就不觉得游艇多有意义了。人需要对自己有意义的、让自己感到满足和自由的目标，而奖励会造成更多的依赖和束缚！我们必须明确区分表扬和鼓励。鼓励是为了帮助孩子开发其创造力，发展各种技能，比如父母给孩子买手工材料玩，和孩子一起探讨新想法。表扬是在奖励某种结果，否定其他结果，而且表扬完全忽略了通向某个结果的过程。

过度保护也有可能导致隐性的精神暴力和情感暴力。如果一个孩子总被他人阻止尝试做一些自己想做的事，阻止承担任何属于他的责任，并且不断地触及成人武断地设立的边界，那他的发展就会受到很大限制，最终被迫成为一个无法独立的人。

如果成人消除了一切对孩子有危险的事，那孩子永远学不会展翅飞翔。试想一下，如果孩子所有的飞行练习都被扼杀在萌芽状态，那他们怎么可能飞到想要的高度呢？孩子的自信是建立在战胜很多挑战的正面经历之上的，当然也包括经历失败。如果缺少这些重要经历，他就会一直焦虑，而这种习得性无助会成为终生桎梏，即便他一直在按照自己的步骤成长，但或许在很多阶段都被自我怀疑、恐惧所左右，他蹒跚前行，无法坚定有力地生活。

通过持续观察，我发现，成人对孩子的过度保护其实源于自身的恐惧，这也是他们无论如何都要阻止孩子独立的原因。在幼儿园，我经常看到为了更快地完成事情，孩子被动地获得成人的帮助。虽然他们想自己吃饭，却有人喂食；虽然他们想自己穿脱衣服，却有人帮他们穿脱；虽然他们想去花园里玩，却不得不在教室里画雪人。他们必须完全遵守成人武断制定的规则和规矩。

这些孩子没有被当作独立的个体，他们不能遵循自己的需求或想法做事，甚至成年后仍可能维持这样的行事方式，因为他们已经学会适应他人，按父母的设想生活——是的，有些成人确实会按照父母的要求行事，但他们中的一部分人只是活成了父母希望的样子。这十分致命，因为每个人都有权过上符合自身愿望的生活，最重要的是过上自认为有价值的生活，而不是按照他人或父母的标准去生活。

人无法改变童年时发生的事，但每个人都有责任以成人的姿态处理这些事，无论以何种方式——去做咨询，去自助小组，去上课，读书，或剖析自己。在本书第一部分，我想表明的是，有太多孩子生活在各种言语暴力和非言语暴力的强烈影响之下。只有社会对这一点有更多认识之后，我们才可能找到并踏上非暴力之路。

第二部分

非暴力之路

第四章

为什么迫切需要重新
思考儿童权利？

情感暴力很少对施暴者产生影响，对受害者则会产生终身影响。

研究童年历史文献令人心痛。直到现在，我们都没能充分保护孩子免受成人的暴力伤害。根据近30年的工作经验，我进一步大胆猜想：世界上没有孩子能免于或早或晚出现的情感暴力，不管是在家里，在幼儿园里，还是在学校里。

尽管孩子有权利，但那些权利要么完全没有，要么没有得到尊重，因为很多父母和专业人士不了解儿童的权利，即便知道也会感觉不自在。设想一下，从现在开始，所有人都尊重孩子的权利，并且有人对此监管：如果有人侵犯孩子的权利，他就会受到警告和处罚——这种设想简直不可思议。再设想一下，你是父母，你对孩子大吼大叫了，因为他没有按你的意愿行事，为此，你必须交罚款，因为你侵犯了孩子非暴力成长的权利。又或者，某个老师罚孩子站在全班同学面前，因此这位老师必须交三天的日计罚[1]，因为他侵犯了孩子非暴力成长的权利。我们都知道这肯定不会发生。不过，这也是件好事，因为我们最无法做的就是永远监督父母和教育工作者。我认为，非暴力的转变只能从内向外发生。为此，我们需要摆脱专制思维，转向一种以关系为导向的态度，这将会让大部分孩子受益。

_____

[1] 一种根据日收入计算罚款数额的刑罚方式，德国和奥地利等德语
    国家使用比较多。——译者注

联合国《儿童权利公约》及其欠缺

第一次世界大战后，英国的埃格兰泰恩·杰布女士发起了世界上第一次儿童权利运动，并起草了《儿童权利宣言》（《日内瓦宣言》，1924），其中指出，人类欠儿童一个他们本应获得的最好的东西。这是一个良好的开端，但不具有法律效力。可这也是加强对儿童的法律保护所迈出的重要的第一步。第二次世界大战后，联合国提出要赋予儿童更多权利，并于1959年在联合国大会上通过了《儿童权利宣言》，此后该宣言不断得到扩展和补充。其中规定，要保护儿童免受虐待、免于死刑；儿童拥有生命、生存和发展的权利；儿童的荣誉和福祉必须得到保护；缔约国必须保护儿童免受身体伤害和性暴力伤害。这起码是一种进步，但在实际执行时，缔约国中真正能落实到的却很少。《儿童权利公约》（1989）的四大指导原则——无歧视；涉及儿童的一切行为均以儿童的最大利益为首要考虑；每个儿童均享有固有的生命权，缔约国应最大限度地确保儿童的生存和发展；儿童有权对影响儿童的一切事项自由发表自己的意见并得到应有的重视——很少有国家能全部落实到位。

如果每个成人、所有幼儿园和学校都能认真对待《儿童权利公约》，那么仅儿童有权对影响儿童的一切事项自由发表意见，并得到应有的重视，这一条就足以改变我们与孩子相处的思维方式和生活方式。这一原则的意义远不止解决"想穿红色裙子还是蓝色裙子"这样的问题。如果这一原则得到践行，那孩子的权利就不会只停留在纸面上，而是他们真的有权在所有和自己有关的事情上参与决策。当然，对那些想每晚都在同一时间刷牙的人来说，要付出的代价很高。如果孩子们不想卡着这个时间点刷牙，他们会违背孩子的意愿强迫孩子刷牙，甚至可能会使用精神暴力和身体暴力。想象一下，一个熟人走到你面前让你吃一种你不想吃的食物，你拒绝了。然后，请求变成了催促，之后变成了要求，最后变成身体攻击。违背当事人的意愿把食物强行塞入他的嘴里，你会把这个行为称作什么？

我故意使用了很挑衅、很尖锐的表达，因为刷牙这个例子清晰地证明了让儿童参与日常生活自由发表意见说起来容易，实施起来却很难。我在给父母培训的时候，总听到他们围绕刷牙、穿衣服、睡觉和其他所有日常事务而讲述的痛苦故事。可世上没有万能药，没有一次性解决方案，因为家庭之间千差万别。唯一有用的办法就是反思自己表达意愿的态度，并尽可能地做出改变，这是终生任务——对你，对我，对我们所有人都是。

再回到刷牙问题上。当然，孩子必须刷牙，通常他们也会刷，只是无法完全符合成人的要求，而这正是孩子参与其中最终共同决定的权利。

遗憾的是，联合国《儿童权利公约》没有提及情感暴力和精神暴力。可是，全球的身体暴力和剥削还都没有完全被根除，我们又如何能解决和减少类似情感暴力这样抽象的事情呢？正因如此，情感暴力和精神暴力也应该被写入联合国《儿童权利公约》中，以尽可能多地让全世界的孩子免受其害。这非常有必要，也非常紧迫。

大改变从我们自己开始

事实上，从 2000 年德国颁布禁止体罚令后，家长已经有了一定的反思。但现在还是有人觉得打孩子一巴掌并无大碍。不过，德国精神病学家约尔格·M. 费格特的研究表明，有这种想法的父母越来越少了。如今，大部分父母教育孩子时不打孩子了，而且大众也越来越无法容忍身体暴力。

问题是，和身体暴力相比，精神暴力和情感暴力更难以界定，因为它们不会留下任何外部痕迹，而且充斥在如今被大众广泛接受的儿童教育方法中。如果我们能更详细地了解情感暴力给人造成的伤害，再加上更严格的法律规定，也许我们就会改变自己的思维。然而，思维的改变和行为的改变是两码事。改变思维可以通过研究找到原因，指明后果，但改变行为就看个人了。

我相信，如果父母和教育工作者能够反思自己的经历，就能在思考和行动时更清晰地意识到暴力的存在。只有这样，成人才能更清楚地认识到自己从谁那里学到了什么，自己为什么那样做，以及自己是如何做的。作为社会中的一分子，我们应该而且必须下定决心不再使用精神暴力的方法教育孩子。就像反对身体暴力那样，我们要将反对精神暴力当作一种社会责任。如果发现周围有人使用精神暴力对待孩子，一定要及时提醒他们这一行为可能造成的后果，就像我们看到有人在打孩子时会去做些什么一样。只有尽可能多的人采取行动进行干预，我们的社会才能从根本上认识到这个问题，并且开始改变。

精神暴力不可取，这必须成为新的信条和标准。

援助之手——来自我的工作经历

库恩一家——爸爸、妈妈、四岁的哥哥、两岁的伊莱亚斯来找我咨询。库恩太太想在一周后重返保险公司工作，但他们无法给伊莱亚斯找到合适的幼儿园。库恩先生无法理解"适应"这个概念，他认为如果伊莱亚斯总哭，以后就会成为"软蛋"，而且保育员觉得伊莱亚斯之所以难以适应幼儿园，是因为库恩太太。他们现在的计划是把伊莱亚斯送到幼儿园，可他会一直哭。夫妇二人问我怎么办，这会不会让伊莱亚斯受到伤害，他们不想伤害孩子。

此时，两个孩子已经拿出我的 100 多只爬行动物，正在试着让一只动物"骑"在另一只动物身上。最后，松鼠骑在鲸鱼身上，虎皮鹦鹉骑在牛身上，他们玩得开心极了。这就是我对孩子的帮助，而我对库恩一家的帮助，就是提醒人们现在能关心孩子的感情，我觉得是件好事。

遗憾的是，家长还没有充分了解和适应依恋理论。我给他们推荐了几本与依恋理论有关的书。然后，我让他们想象了一下，如果他们是伊莱亚斯，会有什么感觉，是否会记得难过的不同之处。当时，库恩太太的眼里噙满泪水。我又让他们想象了一下 25 年后的家庭聚会。那时，伊莱亚斯 27 岁，刚当了爸爸，他想知道自己当时是怎么适应幼儿园生活的。我问他们，他们是愿意说"当时大家一起花了几周时间让你慢慢过渡，后来你就很喜欢去幼儿园"，还是愿意说"当时你难过了好几周，总哭，然后不知道什么时候就适应幼儿园生活了"。他们都觉得第一种要好得多。库恩太太立即让丈夫给她更多支持，让她能推迟一个月重返职场，以延长伊莱亚斯的适应时间。

有时，观念会迅速转变，开拓出新的道路。有时，野猪也可以"跳"到大象的背上。

认识自我是光明大道

任何法律和儿童权利都不能改变的一点是，和孩子一起生活很累。对孩子的行为感觉烦躁、产生失控反应根植于人性，父母不必因此深陷愧疚中。不过，在现实中，我还是发现父母会因为自己对孩子表达了不耐烦或愤怒行为而感到愧疚，然后向孩子道歉。是的，你没有看错，父母会感到愧疚，这很重要。这样，孩子马上就会知道自己值得获得道歉，知道自己诚实正直，最重要的是，他们学会了如何道歉！道歉时一定要和孩子谈谈这些事，清楚地表明其实你不想那样，你也真的愿意学习如何更好地控制情绪，并会更为努力地谨慎对待自己和孩子。真诚的道歉能把尊严还给孩子，这是法律赋予孩子的权利。

当爆发愤怒或出现羞辱、逼迫和指责等行为时，家庭内部应该进行公开讨论。通常来说，问题谈得越清楚，孩子承受的压力就越小，哪怕作为父母的你谈起自己的错误有点不舒服。但由此一来，你就做了一个好榜样，展示了自己如何为做错的事情负责。毕竟，你也希望孩子能学会控制自己的情绪，并为自己的行为负责。最重要的是，不要害怕自我探索这一艰难过程，因为只有这样，你才能找到自己做出那些反应的根源和原因。

不论哪种暴力，通常都是由童年时期的过度要求和压力重创造成的。如果你能深入感受并寻找那些因暴力留下的痕迹，你就能回溯到自身行为的原因，并想办法接受它，这对你个人以及与孩子的相处都很重要。了解、治愈情感伤口，对我们成人而言，是一个巨大挑战。我们可以寻求专业人士的帮助，这并不可耻，比如，咨询心理医生、向家庭咨询机构咨询。既然孩子有权获得外部支持，那家长同样也有权获得。

不要认为这么做是软弱的表现，恰恰相反，遇到困难时能够积极寻求帮助，是一种强大的表现，并且可以给孩子树立一个好榜样。

我们每个人或早或晚都会遇到无法独自应对的问题，重要的是及时发现，并及时寻求帮助。这对成人和孩子来说，都很重要。

请记住，孩子有权成为父母。理想情况下，他们会成为快乐的父母，他们很了解自己以及自己的内心历程，并与自我紧密相连。这样，他们就能敞开心扉接收孩子的信号，而能识别孩子的信号非常重要，这样他们就能及时发现孩子的需求并采取相应行动。我们将在下一章中更详细地讨论这个问题。

第五章

腹痛、咬人和发脾气——
识别孩子的信号

父母知情是保护孩子免受情感暴力的最好方法。

在几千年前苏美尔和古巴比伦的石板上，就镌刻着人们对青少年的抱怨了："他们堕落、邪恶、不敬神、懒惰，没办法和他们做任何事，他们会让社会毁灭。"对青少年的抱怨，年代和世界历史一样悠久。即使现在，我们依然能从各处听到类似的说法。最开始针对的是"千禧一代"，即那些出生于20世纪80年代初到20世纪90年代末的人，他们以自我为中心，很难与他人合作。现在，人们又在说"Z世代"，他们沉迷于手机和各种虚拟游戏，和"婴儿潮"那代人站在对立面。抱怨就这样一代代持续下去。显然，每一代都会指责、挑剔下一代。在我看来，现如今，关于孩子应该成为什么样，应该做什么，不该做什么，依旧有太多笼统的说法。

　　成人总是轻视孩子以及那些让孩子感到兴奋、有趣的事物，无论是电子游戏还是动漫，无论是充满幻想的游戏还是创新的发明。我们总说孩子在说谎，或是孩子做错了事。殊不知，父母口中的"错误"，经常会被孩子错译成"我就是个错误"，而成人对此毫不知情。"我就是个错误"这句话就是一种语言暴力导致的不良结果，是所有自我怀疑的根源，可能导致孩子在童年期或成年后出现精神问题。我觉得在这里说明这种联系很重要，因为情感暴力和精神暴力不是冲孩子大喊、辱骂孩子、羞辱孩子时才开始的，而是早在无声地或明确地拒绝孩子想做或不想做的事时就开始了。

当父母无法理解孩子时

孩子的行为、愿望和喜好，无论是什么，父母都想要质疑一下。哪怕是对自己的孩子，父母也会表现出明显的不信任。一些父母总在挑孩子的毛病，好像双方是对立的。这种态度从何而来？这不是公然违背了大家都在说的亲子之间的爱、家庭纽带、浓厚的血缘关系吗？难道家不是港湾，不是可信赖的、有归属感、能接纳自己的避难所吗？

很多父母的不安全感早早就表现出来了。他们监视和控制孩子，预想各种孩子可能会做的事并加以验证，仿佛刚上幼儿园的孩子就能做出世上最坏的事。对此我很惊讶，一方面，这说明孩子与父母之间的关系太脆弱了，很显然，父母觉得孩子随时都有可能通过谎言和诡计进行反抗；另一方面，父母的教育方式明显没有达到预期效果。也许父母既不相信自己，也不相信自己的教育方法，便只能通过控制孩子来检验自己的教育方式。

许多父母发誓自己会无条件地爱孩子，全力支持孩子。但是，一旦孩子的行为稍微出现偏差，他们就会收回自己的爱。"你要是这样做，我就不喜欢你了"就是他们传递出来的信息。这种信息可能通过细微的非言语的方式，或相对明显的惩罚表达出来。比如，如果孩子穿衣服花费的时间太长，父母就不再按照约定给他们读睡前故事。父母很难想到，孩子的磨蹭可能是在表达内心需求，想多玩一会儿，想多被抱一会儿，或仅仅是让那个人多陪陪自己，因为他一整天都在想那个人。

儿童的非言语信号尤其容易被忽视，因为成人觉得自己知道什么是最好的，而且不相信孩子。我要声明一下，正是因为成人无法读懂这些信号，才会轻易地误解孩子的求救和警告，并将其诠释为不服从、叛逆甚至残暴行为。结果，一个情感暴力的恶性循环开始了。成人和孩子谁也没有出路，所有人都在受罪，因为大家都不知道怎么从中摆脱。实施精神暴力和情感暴力的成人不止父母，还有教育工作者、亲戚、培训师，所有人都可能有意地或无意地对孩子施加精神暴力，给其造成巨大伤害。成人识别和判断情感暴力都很困难，更不用说孩子了。因此，父母或其他关系人更应该留意、关注孩子的行为是否发生改变，并将其看作一种求助信号，而不要将其解读为恶意，哪怕家长有所疑问！接下来会有几个例子，帮我们更好地解释孩子的行为，从而让我们更好地理解孩子。

孩子遭受精神暴力的迹象：用行为"说话"

孩子通常会不加掩饰地表达自己的感受，但负面经历会让孩子隐藏自己的感受，并将其转化为病症或行为表达出来。一个特别常见的症状就是腹痛，经常发生在去幼儿园或学校的早晨。我们成人很了解这种情况，在面对令人不适的情景，或遇到极不情愿面对的情况时，我们就会感觉腹痛。孩子也是如此，他们感觉难以适应，很无助，便用腹痛表达自己的抵触情绪。因此，父母一定要认真对待孩子反复出现的腹痛，将其当作警告！要时刻关注孩子在何时以及在何种情况下会出现腹痛或其他疼痛，请认真判断，因为当精神状态不好时，孩子也会说腹痛。从心身医学 [1] 的角度来说，他们会把心理上的痛苦转移到身体上。

当孩子开始编故事，成人会匆忙地视其为谎言，其实不然，这有可能是一种警告。孩子可能通过编故事来掩盖自己的某些感受，比如羞耻；也可能是为了更好地承受已经发生的事。在一次咨询中，莉萨妈妈曾向我征询，六岁的莉萨在学校里讲了自己编的故事，说她经历过两次车祸，弟弟出生时她也在，家里还养着狗。班主任似乎不太相信这些事，于是来问莉萨妈妈。实际上，没有一件事是莉萨的亲身经历。莉萨妈妈反思后，发现莉萨确实常常不太高兴，因为莉萨又瘦又小，她爸爸就总取笑她，叫她小老鼠。莉萨妈妈和莉萨聊天后发现，对莉萨来说，爸爸说的话不是充满爱的玩笑，而是对她的反复侮辱，他的幽默让她很痛苦。她希望别人听到她编的故

[1] 一种研究心理因素与健康、疾病之间关系的医学分支学科。

事后，会觉得她很强大。

因此，当孩子讲"故事"时，父母一定要认真倾听，而且不要因此惩罚他们。孩子有可能肌肉紧张、不自信、攻击他人、肆意排便、拔头发、啃指甲、抓挠、拒绝亲密行为，以及感到悲伤、恐惧，甚至对某些近乎强迫的规则要求感到羞耻等。所有这些都是信号，意味着孩子感觉到有所失控。还有一些迹象可能反映出他们正遭遇困难，比如退缩、情绪不稳定、沉默寡言、注意力不集中、学习成绩下降。根据年龄和情况的不同，孩子也可能出现攻击行为，比如咬人、打人、毁坏物品或表达强烈的愤怒情绪。

孩子越小，越难明确表达自己的感受。当孩子不再玩耍，不再有创造力，不再探索，而是表现出强烈的胆怯和恐惧时，就是在发出警告信号；胆怯和恐惧也可能表现为做噩梦、尿床。在极端痛苦的情况下，孩子可能会不再讲话或开始口吃。

我们很难划定一条界线说某些行为是从什么时候开始的，因为每个孩子都不同。但应该关注的是，这些行为与之前的行为有哪些不同，何时开始出现不同，以及是否和孩子正常的发展过程一致。归根结底，要看父母或教育者的感受才能确定什么时候"感觉有点不对劲"。还有，越早发现孩子的不对劲，越能更好地采取对策。

情感暴力

援助之手——来自我的工作经历

在过去十年里，我最受欢迎的内部研讨之一是关于儿童发展过程的话题，题目是"孩子在什么时候要学会什么"。我认为，这节课非常适合当作援助之手帮你一把，因为到目前为止，在几乎连续不断的八个小时研讨里，我总能成功地在孩子和成人心中播下信任的种子。或许，某天你也能得出这样的结论：这个问题没有标准答案，因为成长是一个高度个体化的过程。

有些孩子八个月会走路，有些是两岁；有些孩子四岁会阅读，有些是八岁；有些孩子只喜欢红色的小熊软糖，有些则不喜欢小熊软糖。我的主张是，多给孩子一些时间，少拿孩子进行比较。同样，我们也要多给自己一些时间，少拿自己与他人进行比较。我们自身就是榜样。

忽略外界的声音——关注孩子本身

世界上很少有哪个领域，像成长教育领域一样有这么多专家。有时候我会想，似乎只要自己曾是个孩子，就能慷慨地给别人提建议——即便无人问起。其实，这种形式的干预一般给不了什么支持，反而常常会引发父母甚至是专业人士的愤怒情绪，特别是当一个热心的伪专家着手干预本来就很棘手的情况时。有时，陌生人的某个眼神就会让父母感觉很没有安全感。当孩子没有按照他们的意愿行事，或没有按照他们期待的方式行事，他们身边的亲朋好友或者邻居总会迅速提出自己认为的好建议。这种情况就像一档真人秀节目，主题就是评判、谴责父母，而且还饶有趣味。

我们应该告别这种充满不信任、自我投射、对孩子有错误期望、羞辱和愤怒的讨论。

如果我们能爱意满满地与自己对话，就应该相信自己也能和孩子进行诚挚、有感情的沟通。孩子对心理学上所讲的双重束缚（双重信息）——听到的话语和自己的实际感受以及实际表达不一致——很敏感。比如，一个孩子听到的是"你做得真棒"，看到的却是紧蹙的眉头和轻蔑的眼神，那他就会又困惑又着急，他不知道究竟哪个信息才是真正的信息，也不知道自己接下来该怎么做。因此，他便经常做出缺乏安全感的反应，甚至反抗或退缩，而父母不理解这种反应，就导致发生新的冲突。

如果你是父母，而且自己的育儿方式经常被人指责的话，请走出这个怪圈吧！全身心关注自己的孩子，尤其在孩子挑战并触碰你的极限时。至于其他人，不管是超市里的陌生人，还是亲朋好友，他们如何看你和孩子，真的无所谓。你的孩子比其他所有"聪明人"都重要，那些人总觉得自己了解一切，最后却用实际行动表明他们其实是老顽固。

你会发现，你的疑问得到了证实——社会公认的良好教育方式，对儿童来说不过是一种暴力。因此，尽快摆脱这个所谓的良好教育方式非常重要。

我们的孩子需要帮助

新冠肺炎疫情犹如一个放大镜，让我们更清晰地看到了社会中的儿童问题。在新冠肺炎疫情期间，儿童精神问题急剧增加，儿童和青少年精神病院人满为患。

然而，出现这种现象并不是因为新冠肺炎疫情。在这之前，儿童多动症、认知障碍、自闭症、抑郁症、焦虑症等很多精神疾病的确诊数每年都在急剧增多。此外，诸如头痛、腹痛、失眠、过敏、皮疹等身心不适症状，诸如霸凌、厌食、自残、酗酒、暴力游戏、过度暴力等行为，诸如肢体伤害、盗窃和破坏财产等犯罪行为，在过去几年也一直在上涨。

我们无休止地诊断、治疗孩子的疾病，却很少问是不是孩子接受的教育方式不对。根据我的经验，教育才是导致问题出现的原因。德国最近的一项研究表明,在三到十七岁的孩子中,有16.9%的孩子饱受精神问题的困扰。新冠肺炎疫情期间,这个比例还有所上涨。但整个社会并没有重视这件事,也没有帮助他们。相反,还在假期开设各种培训班,这完全是不加思考的行为,是对孩子需求的漠视。此外,孩子的压力也在不断增大,不仅在学校里,在校外也是。父母要求孩子在任何时候、任何地方都要表现正常、听话,尽可能给父母增光。如今这样和一百年前没什么两样,即使我们的价值观和生活要求有了一些改变。

我们究竟有没有认真地审视和询问过孩子的感受,以及他们真正需要的是什么呢?

孩子感觉到了什么

首先,孩子会爱,而且会无条件地爱。他们爱泰迪熊和其他玩具,爱兄弟姐妹,甚至会爱对自己施加身体暴力的父母。哪怕他们年龄很小,也能切身理解他人及其需求。在这方面,我们可以从他们身上学到很多。

爱是一种很原始的需求,与孩子对依恋关系的需求相辅相成。通常,付出爱的成人希望自己被爱,但孩子不是,哪怕得不到对方的爱，他们也会去爱。这是一个很悲伤却又很感人的事实。孩子从自己感受到的爱中会产生更深的情感，第一个便是责任感，这非常让人吃惊。当父母离异或处境不佳时，孩子往往会感到内疚，因为他们觉得自己是造成父母痛苦的根源，但不会把真实想法告诉父母。所以，父母在面临离异、失业、生重病等危机时，思考孩子可能出现哪些情绪极为重要。越是透明地和孩子谈论自己面对的事情，并告诉他们"这不是你的错"，孩子的负担就越小。为了防止孩子受到伤害而选择闭口不谈并不对，因为孩子只会自己去想办法解释这些事，并陷入自责的旋涡。"这不是你的错"是一句充满爱、充满力量的话语，但父母并不常对孩子说。

同样重要的是，不要有意或无意地激发孩子的内疚感，更不要将其当作一种教育手段，比如对孩子说"如果不吃干净碗里的饭，太阳就不会出来了"，或是威胁说"妈妈觉得很难受，是因为你不乖"……我敢肯定，孩子一定会把这些话牢记于心，并会难受几天或更久。让孩子承担无法承担的事也会加深孩子的内疚感。孩子需要安全感，需要父母为所有决定负全责，比如下次旅行要去哪、什么时候搬家等。让孩子参与决策这些事情很好，但其最终后果必须由成人承担，绝不能下意识地直接对孩子说"都是你的错，因为当时你想这么做"。父母简简单单的一句话，会让孩子愧疚不已。

孩子可能还会有令父母完全想不到的感受。他们有超强的身份认知和归属感，"我属于这里，我来自这里"对他们来说很重要。他们会感受到家人和朋友的忠诚。自豪感和自我价值对孩子来说也很重要。因此，父母给孩子树立一个有自尊、有归属感的好榜样尤为重要，而且不要在这些方面攻击和伤害孩子。"你不像我们"或"你有什么可自豪的"这些刺耳的话，会深深地、长久地伤害孩子，还会对他们的心灵产生终生影响，这是最严重的后果。

　　羞耻感也是一种强烈的感受，孩子在不同的年龄会有不同的表现。许多父母、教育工作者和教育学家故意把羞辱当作一种教育手段，毫不留情地揭穿孩子的种种。他们认为，这是一种"温和"的矫正手段，事实却恰恰完全相反。被侮辱的孩子，尤其是被当众侮辱的孩子，其自我认知往往会受到损害，导致他们蜷缩起来并变得多疑。一个被羞辱过的孩子会自己筑起围墙，以免再次被羞辱，他们会保守自己的秘密，远离他人。他们认为，最好不要与人坦诚相见，要保有秘密。我经常去托儿所，也经常去做团队培训，在那里，我总能听到让我震惊的事情。已经记不清有多少次了，一个尿了裤子的孩子在所有人面前被羞辱："你是在开玩笑吗？你又尿裤子上了！真丢人！你可是个学前班的孩子！现在又得帮你换衣服！"你一定能想象得到孩子的感受，想象得到他有多痛苦，多羞耻。

　　羞耻感是一种很强烈的感受，会对人的自我感受和行为，尤其是对自我形象，产生持久的负面影响。

辨别并以适当的方式应对孩子的情绪

父母和教育工作者往往会警惕孩子出现愤怒、狂躁、抗拒、攻击等情绪。如果出现，一些成人便会训斥、惩罚甚至殴打虐待孩子，目的是让孩子学会压抑这些"不受欢迎"的情绪。很多成人希望自己和孩子都不会有这些情绪，于是转移孩子的注意力，满足孩子的一些愿望，只是为了让孩子尽快冷静下来，再高兴起来。如果所有方法都用过后，孩子还是没有高兴起来，他们马上就会认为孩子生病了、出问题了。其实，这些情绪都很健康，但教育工作者并不知道，或者说难以接受。愤怒是一种表达自我主张的情绪——"我不想这样！"孩子说出这句话便是设立了一个边界，他们会自己照顾自己，哪怕用了成人不喜欢的方式。因此，找到一个好方法来处理孩子的愤怒情绪非常重要，而不是将其妖魔化、病态化，或压抑它。愤怒并不会凭空消失，只会成为有毒物质重新被释放出来。被压抑的愤怒对人有害，会折磨人，伤害人，让人窒息，甚至让人毁灭！因此，允许愤怒存在，便是谨慎处理自己或孩子愤怒的重要方法。只有这样，我们才能学会面对愤怒，并控制攻击性。

孩子通过观察他人的行为——主要是成人的行为——并进行模仿。通过这种方式，他们学习如何解决日常问题，从开瓶盖到处理复杂情绪。这种学习行为是无意识的、普遍的、与生俱来的，不需要任何主观努力。此外，人际互动中存在共同调节[1]和外在调节[2]的过程，即使在很小的孩子身上也存在，当他们一起玩耍时，会互相影响彼此的行为和感受。成人能够独立思考，保持情绪稳定，孩子则会与同伴一起哭、一起笑。如果情绪激动到一定程度，协同调节就会出现，也就是来自外部的调节，比如某个成年人的参与，成年人用移情式的干预中断情绪的积累，但这样一来就剥夺了孩子通过自我调节学习自我效能的机会。父母和教育工作者应该何时干预，并没有规范。这些孩子的愤怒情绪、攻击行为都因人而异，要视具体情况而定。首先，愤怒是完全合理的，这是很重要的一点！

成人最好不要因为愤怒惩罚或羞辱孩子，而是要向孩子展示如何更好地处理愤怒情绪，比如一起做几次深呼吸、跳舞、通过尖叫发泄情绪，目的是告诉孩子如何排解它，这样他们在愤怒时就不会毁坏东西，也不会伤害自己或意外地伤害他人或动物。

孩子的愤怒对成人来说是巨大的挑战，有时候会触发成人自己的愤怒经历和曾受到的伤害，他们会感觉很无助，从而产

---

[1] 在人际交往中，人们以不断调整互动的方式，共同创造一种积极的情绪状态。

[2] 在人际交往中，人的行为完全遵循外部的规则，受外部影响非常大，自主性较小。

生新的愤怒情绪，因为无助感会催生压力，而压力又会催生愤怒情绪。请记住，孩子的大脑和成人的不同。大脑的认知部分也就是思维，其发育有先后顺序，因此孩子更容易产生强烈情绪，却不易控制它。这也是为什么孩子在发脾气时很难用语言表达。孩子会感觉自己完全被愤怒摆布和淹没，要有他人的帮助才能逃离这暴风雨般的状态。所以，对孩子说"我永远爱你"显得尤为重要，并且还要告诉他们，所有感受都有其存在的道理。拒绝、惩罚、责骂只会加重负面感受，即便暴风雨过去后，也会长期存在。

在这种情况下，请不要再"居高临下"地和孩子说话了，你的肢体语言会让孩子感觉自己低人一等。请蹲下来，平视孩子，从肢体上表达自己对孩子的关注。这时你应该传递的信息是：你不是独自一个人在面对你的愤怒情绪！

为了从源头避免人们产生愤怒情绪，寻找可能的压力源是非常有必要的。我们知道，如果周围很吵闹，很拥挤，很热，人会觉得不舒服，会变得易怒。在这种环境里，孩子通常会愤怒，但他们不太会自我调节。人不可能完全生活在没有压力的环境下，但可以尽量减少待在其中。成人要给孩子提供平衡和休息的场所。大多数情况下，孩子并不知道是什么让他们难受、压力过大，是吵闹的电视、玩耍的兄弟姐妹，还是咯吱作响的风扇，哪怕父母询问了，他们也很难表达。现在，请想象一个场景。幼儿园里很吵，人很多，孩子们一整天都得和别人合作，而且还要尽可能听话地上完一天的课。孩子放学后，你去接孩子，你很累，因为你紧张了一天，孩子也很累，因为他也紧张了一天。这时，一块饼干都有可能引发一场危机，当孩子大声哭闹着说"我要吃大饼干"时，可能他要传递的信息是"我受不了了"！这时，就看你怎么处理了。你可能会冷漠地、不耐烦地，甚至愤怒地回应孩子，仅仅因为你也有压力。

平等地和孩子谈论棘手话题

当成人和孩子讨论棘手话题，比如冲突、分离、恐惧、疫情、战争和种族主义时，无论是教育工作者还是父母，言行都最好和孩子保持平等。同样关键的还有真诚，不要试图掩盖真实信息，哪怕是为了保护孩子，因为孩子会迅速地感觉到虚假，并做出错误的解读。

另一个重点是倾听和理解。千万不要忽视孩子对话语的感受和反应，一定要认真对待。当感觉到孩子无法好好处理自己的情绪时，鼓励孩子，并与之一起寻找解决方案，或提供解决方案。

然而，当你发现自己无法与孩子沟通时，就要寻求专业帮助，如专业的训练、心理咨询，也可以选择儿科医生或家长咨询师、儿童心理学家。除此之外，作业治疗[1]、运动治疗、音乐治疗都能帮助孩子顺利度过情感困惑阶段。

在实际操作时，成人一定不要给孩子施压，这非常重要。一旦孩子觉得自己需要满足成人的期望，那他可能就不会敞开心扉，这样一来，我们就更难发现问题的根源。孩子不愿意制造冲突，希望保护监护人或其他家庭成员，甚至会对自己面临的困难感到羞愧。这种情绪也可能会演变成其他情绪，比如羞愧变成愤怒，恐惧变成嫉妒。面对孩子情绪混乱的情况，没有快速简单的解决方法，就像面对打结的毛线，我们需要的是熟练的技巧、灵敏的反应，但更重要的是耐心。当然，我们可以无情地剪掉打结的部分，但最后每一根毛线都会残缺。现在，请把这个急切剪断毛线的画面代入厘清孩子情绪的情景中，你就会明白，与孩子相处时，谨慎和耐心有多么重要！

确保稳定性

我们成人常常忘记，这个世界对孩子来说有多可怕。他们必

---

[1] 借助各种有目的的活动帮助患者治疗身体、心理等方面的功能障碍。

须面对不断袭来的完全陌生的挑战，需要了解未知事物。没有或只有一点儿和自己、和他人打交道的经验，却仍然要勇敢地面对，而帮助他们的只有无法抑制的好奇心和探索的喜悦，同时这也帮助他们克服了恐惧。一天又一天，一次又一次！孩子们真是太勇敢了！

常年铭记孩童时的勇气，对所有人都有益。你上一次去做感到害怕的事，或过去从未做过的事，是什么时候？那你就能猜到孩子平时的感受。信心、自尊，以及知道自己在做正确的事，是通向未知旅程的三大重要支柱，同时也会在自己"摇摇欲坠"时确保内心的稳定。

而传统的教育方法正在损害这三大支柱，并可能会产生致命后果，它会削弱孩子的安全感，增强孩子的恐惧感，阻碍孩子探索自我和世界，阻碍孩子成为自由、坚强、幸福的人，阻碍孩子充分发挥自己的潜力，同时也阻碍他们学习如何照顾自己。

坦白讲，你知道怎么照顾自己吗？如果知道，你真的那么做了吗？如果真的那么做了，那太好了，因为能照顾自己、关注自己、关注生活的人会有更多心力对待孩子，也更能对孩子的感受感同身受。照顾自己的方式包括有意识地使用放松技巧，安排休息时间，放慢生活节奏。

日常家庭生活通常很辛苦，也有很多压力时刻。作为父母，认识到这一点很重要，但更重要的是要打造一种能让人放松的氛围。只有这样，父母才有足够的精力关注、回应孩子的感受和需求。父母，尤其是妈妈，要主动学习自我关怀，这不是自私，而是一种责任——自己状态都不好，怎么能去照顾别人呢？父母一直压抑并无视自己的感受，其实根本不是自我关怀——缺乏自我关怀的父母通常遭受过心灵捶打。我们将在下一章进一步探讨这个问题。

第六章

心灵捶打是精神暴力对人的影响

对孩子来说，心灵捶打和身体暴力没有区别。

专家和非专业人士已经撰写了很多关于儿童教育、儿童发展、儿童行为的书籍和文章，数不胜数。这些不同的信息反过来又服务于各种有可能付诸实践的，只停留在概念上的教育流派。从驯服所谓的"暴君式儿童"，到给孩子完全自由的空间（可以不去幼儿园和学校），每一个现有观点都有掷地有声的文章支持。人们喜欢获得肯定和支持，因此，通过选择性感知，我们最终只感知到自己认同的东西。其实，人本质上很难反复思考并采取行动，否则已有的世界观会受到挑战。我们更不愿意仔细观察那些我们畏惧的事物，如发现孩子的求救信号时，更是如此。

但我们绝不能放弃希望，因为在过去的 25 年里，大家越来越不认同以身体暴力和精神暴力为手段的教育方法。2005 年，德国约有 65.1% 的受访者认为对孩子大吼很合理，到 2016 年，只有 13.5% 的人持这种观点。我觉得这很可喜，说明很多父母正在改变思想，特别是新式父母，为了保护孩子，他们重新思考教育，进而改变了世界。但在精神暴力和情感暴力的相关问题上，依旧有太多模糊之处。因此，我们应该深入思考情感暴力会发生在哪里，有多普遍，如何识别，会对孩子产生哪些终身影响。虽然前面几章提到了一些，但我们还得继续仔细探究，特别是情感暴力造成的创伤，以及情感暴力对关系和依恋行为可能的影响。

情
感
暴
力

精神暴力的长期阴影

1998 年，美国有关部门做了一项迄今为止最大的健康研究之一，即"儿童不良童年经历（ACEs）"研究，参与者有一万七千多人。结果显示，个人健康问题与不良童年经历紧密相关。2019年，德国乌尔姆大学医院的青少年精神病院和心理治疗中心，通过一个规模较小但结构相似的研究证实了该研究结果。我觉得将几个研究放在一起分析很有意思，因为元分析提高了准确性和说服力。例如，对 37 项研究的元分析表明，精神暴力非常普遍，大约 57% 的受访者表示自己至少经历过下述十种情绪紧张的童年经历的一种。

一、身体虐待。

二、性虐待。

三、情感虐待。

四、身体忽视。

五、精神忽视。

六、家庭暴力。

七、药物滥用。

八、家人患有精神疾病。

九、父母分居或离异。

十、家庭成员被监禁。

早在 20 世纪 50 年代，美国发展心理学家埃米·沃纳就在前文提到的考艾岛研究中，非常清楚地证明，童年时期经历的痛苦越多，对人产生的后果就越严重，破坏性也越大，比如糟糕的健康状况、身体和心理疾病的高发病率、肥胖、心血管疾病、肺部疾病、酗酒、抑郁、自杀、高死亡率，这些都由 ACEs 标准下的童年创伤所致。

由于荷尔蒙和神经元应激反应过于敏感，孩子会变得越来越敏感，即使小刺激都会让他们产生强烈反应。如果孩子已经很痛苦，再与监护人充满矛盾或存在不安全的依恋关系，那他们患上精神疾病和犯罪的可能性就会增加。

受到情感伤害的孩子直到成年都会承受痛苦，这也就是为什么大约三分之二遭受发展创伤的人，一生都需要心理治疗。相反，这也意味着大约只有三分之一的人有复原力——无需帮助就能处理好童年创伤经历，并找到满意的生活方式。

无形的精神痛苦及其后果

虽然全世界对身体暴力和性暴力的讨论和研究越来越多了，但情感暴力依然被忽视。在欧洲，大约三分之一的人在童年遭受过情感暴力，在非洲、亚洲这一比例则高达二分之一。情感暴力会导致很多严重后果，最常见的是受害人日后难以与他人建立完好的依恋关系，自我意象也会受影响，也更容易得多动症，更容易受抑郁等情绪困扰，更容易自残，也更容易导致学习成绩下滑。童年时的需求没有得到满足或没有得到充分满足的成人，会比得到满足的成人更容易产生恐惧、绝望情绪。

因此，遭受过情感暴力的人，更难应对日常生活的挑战。很多情况，比如选大学专业、找工作、换工作、搬家、缴费，对他们来说都可能是严峻考验，他们经常说自己根本无法正常生活。

在某些时候，精神暴力会与身体暴力等其他暴力同时发生，受害者同时遭受多种创伤。伤害累积得越多，其影响就越严重，其后果包括失眠、饮食失调、酗酒、滥用药物等。这种影响按照时间长短分为短期影响、中期影响、长期影响。情感暴力最常见的后果还有强烈的自我怀疑、低自尊、抑郁以及反复出现的恐惧。

受害者对世界、对人，尤其是对自己缺乏基本信任。如果一个人在刚出生那几年，无法感受到世界很安全，也没有可信赖的、有同理心的、充满爱的人满足自己的需求，以建立安全的依恋关系，那他终生都无法摆脱恐惧和疑心！这一重担会让其自身和周围人都感到痛苦。即使你不是专家也能想象缺乏安全感、不信任、控制欲这三者如何相互作用影响，如何破坏亲子关系以及如何破坏受害者自己的生活。

未被察觉的创伤

很多人认为自己的孩子并没有遭受情感暴力，因为情感暴力听起来太戏剧化，让人难以置信。暴力这个词程度很深，没人愿意把它与孩子联系在一起。当然，我可以使用刺激、伤害、挑战等词语，或其他更柔和的词语，但那只是掩人耳目罢了，根本无法充分描述该行为及其后果。我的目标是充分展现情感暴力带给孩子的伤害，促使社会转变思想，进行反思。因此，我要使用箭一般的，而不是棉花球般的词语。

我们的文化和教育观念违背了孩子的自然发展，给孩子造成了很大负担甚至创伤，如学习如厕这件事，在西方国家，父母通常在孩子两到三岁时就开始让孩子进行如厕训练，如果孩子在规定时间内没有学会，野心勃勃的父母就断定孩子出问题了。因为社会标准下的"正常"孩子在三岁时就应该学会了，而且很多幼儿园也如此要求。于是，不少父母会把这种压力转移到孩子身上。如果一个孩子在三岁时还穿着尿布，周围人就会充满担忧，父母会自责，觉得自己做错了，压力变大，之后便给孩子施压，威胁甚至羞辱、逼迫孩子。他们可能会对孩子说"真恶心"，孩子完全不理解，为什么之前穿尿布是完全正常的一件事，现在却突然变成了一个问题。

那科学如何解释呢？在土著社会，有些孩子几个月大就学会自行排便了。研究人员发现，新生儿有自己的系统控制排便压力，如果晚上想上厕所，他们就会焦躁不安，并"告诉"父母想上厕所。土著文化中没有尿布，孩子们很小就要学会倾听、控制身体释放的信号。相反，非土著文化下的父母关注不到孩子的不安，于是孩子只好在尿布上解决，直到忘了感受身体释放的信号。可大约两年后，他们得煞费苦心地重新学习排便！我并不是要借此说"不要再用尿布了"，因为不现实；我想说的是，我们对待孩子的方式在很大程度上由文化决定。

使用尿布只是例子之一，它说明我们的文化规范对待孩子的方式虽被认为是正常的，但实际上根本不符合儿童的生理发展。通过如厕训练让孩子尽早弃用尿布是在强迫他们接受与自己身心体验不符的概念，轻则让孩子感到迷惑，重则给孩子造成创伤，比如尿床很多年，并因此感到羞耻。

情感暴力影响人际关系

身体上的淤青终会在某一天痊愈，但打击心灵的言语、举止行为，也就是心灵捶打，通常会影响终身，甚至会影响下一代。科学家已经证实，在童年时遭受过情感暴力的人，成为父母后更容易在情感上疏远孩子，冷漠地对待孩子，无法满足孩子的需求，或认为孩子的需求不合理、很过分，对孩子实施精神虐待的风险也会增高。精神暴力是一个恶性循环，代代相传，但当处于其中的某人做出改变后，这一恶性循环就会被打破。

在童年时遭受过精神暴力的人往往难以与他人建立稳定可靠的依恋关系，不论是和伴侣还是朋友，咨询师还是医生。他们就像戴着有色眼镜，会对周围人及其行为做出极其负面的评价，从而影响自我认知和人生选择。他们永远先看到自己不喜欢的东西，甚至是让他人不开心的东西。而戴着有色眼镜看世界将成为他们的宿命。

安全的依恋关系是美好生活的基础

依恋理论由英国儿科医生和发展心理学家约翰·鲍尔比在20世纪初创立，是精神分析学中一个较新的理论。当时，他研究了有行为问题的孩子，发现他们面临的很多困难可以追溯到与父母不稳定的依恋关系上。20世纪50年代，受世界卫生组织的委托，他撰写了一份报告，详述欧洲受战争影响的儿童的生存状况，其中很多孩子与父母失散，有些患有严重的人格障碍。随后，他出版专著公开了自己的研究结果，这是第一本描述机构中的孩子们如何生活的图书。在那里，孩子们的情感需求和精神需求无法得到充分满足，作者由此提出了依恋理论，强调了孩子与妈妈或其他关系人之间依恋关系的重要性。他还明确指出，仅仅满足孩子的生理需求并不能保障他们的生存和幸福。鲍尔比的学生玛丽·安斯沃斯采纳并发展了他的理论，他们二位被视为依恋理论的先驱。

鲍尔比和安斯沃斯认为，建立依恋关系是人首要的、与生俱来的需求。依恋是指一个人与他人尝试建立亲密关系的自然能力，这种关系深厚且强烈，主观上给人一种身心安全感。建立依恋关系的需求与儿童对独立探索世界的需求相关联。虽然乍一看好像矛盾，但仔细思考会发现并非如此。根据鲍尔比的观点，与关系人之间牢固的依恋关系是探索世界的先决条件，只有有了安全的依恋关系，孩子才会放心大胆地探索世界。

德国国家学前教育研究所所长法比安·贝克尔·施托尔曾在一次演讲中使用跷跷板比喻这种表现，她认为，孩子要么在一端展现依恋行为，要么在另一端展现探索行为，两者不可能同时出现。她说："没有依恋，就没有教育！"一个孩子只要不敢离开妈妈的怀抱，就无法认识这个世界，而要想让他离开妈妈的怀抱，就需要给他创造一个来去自由的安全环境，保证他能获得爱和鼓励。

没有依恋，就没有教育

　　孩子的依恋行为由早期与主要关系人，通常是与父母的共同相处所塑造，在此过程中，孩子内在的"运转模式"逐步形成。通过与关系人的互动，他们在内心建构出对这个世界的想象，并对成年后如何看待世界产生持久影响——世界是一个充满温暖和信任的地方，还是一个尽量不要暴露自己、充满危机的地方。更重要的是，父母的态度会决定他们的自我意象的形成，因为自我意象取决于与他人的互动。

　　重要关系人的敏感度也起关键作用。由于重要关系人一般都是妈妈，因此下文会用"妈妈"一词代表重要关系人，但这不代表可以忽略爸爸等其他关系人。这里的主要问题是，妈妈能在多大程度上满足孩子的需求？对孩子的非言语问题，妈妈有多敏感，回应有多充分？在孩子一岁前，妈妈的反应越敏感、越及时，依恋关系就越安全，因为妈妈给了孩子充足的安全感——至少理论上是这样；安全的依恋关系可以提高孩子的社交能力、自信心、自我调节能力。孩子对主要关系人的情感依恋对其之后的发展，对其信任他人和信任自己有深远影响。因此，妈妈能多好地识别、回应孩子发出的信号成为衡量其敏感度的标准，而孩子的安全感和信任感的建立是关系人给出及时、恰当反应的结果。

　　这就是乐观主义的魔力，它是一个人生命中所有依恋行为的安全基础，也是复原力的绝佳基础。因此，怎么强调早期依恋经历的重要性都不为过。如果这条无形又神奇的依恋纽带稳定且充满弹性，那孩子未来的生活就会更轻松；如果这条纽带很细、千疮百孔甚至不存在，那孩子未来的生活就会更困难。

鲍尔比认为，安全的依恋基础是孩子从一岁起慢慢脱离关系人去探索世界的条件。在探索世界之初，孩子往往没有安全感，会一直想要与关系人亲近，之后，他的安全感越来越强，只要知道关系人一直在就足够了。这就代表孩子有了安全的依恋关系，并愿意与他人，特别是成年后与朋友、伴侣、自己的孩子建立健康、可靠的关系。但是，如果缺少这一安全基础，孩子就会一直焦虑，很难探索、了解世界，在孩子年幼时不会有什么后果，可适应幼儿园的过程则会不如人愿。

等到后来上小学，当孩子焦虑、气馁、无精打采、成绩不良时，这些问题就会变为学习障碍。如果孩子在学校的表现不符合预期，家长和孩子都会压力很大——这是我从过去十年的一万五千次咨询经验中得出的结论。有些孩子感觉父母和老师很排斥自己，觉得他人不相信自己的能力，变得不自信。他们害怕学校，害怕成绩不好，害怕父母的反应，而且从来不知道学习的乐趣。但是，如果父母足够有见识、有勇气地摒弃传统的教育方法，倾听孩子内心的声音，就可以避免让孩子遭受这些困难。

但是，如果妈妈在自己小时候没有获得安全的依恋基础，导致对孩子的反应不够敏感，无法给予孩子所需的安全依恋关系，该怎么办？

玛丽·安斯沃斯发现了另外两种依恋行为模式，不安全—回避型依恋关系、不安全—矛盾型依恋关系，两者都源于关系人的不可靠，日后很难改变。在不安全—回避型依恋关系中，孩子压力很大，很不安，很难平静下来，无法充分表达自己的感受；成年后，他们很难与他人建立关系，甚至回避亲密关系——哪怕内心很渴望，典型表现是走走停停式关系。在不安全—矛盾型依恋关系中，孩子极度焦虑、粘人，患有严重的分离焦虑，寸步不离妈妈；成年后，他们害怕他人抛弃自己，嫉妒心强，控制欲强，无法很好地独处，无法应对分离，容易在人际关系中感到拘束。

我知道，这一切都很沉重，但孩子的依恋关系的质量，的确取决于其与主要关系人的依恋表现。这个主要关系人通常是妈妈，妈妈如何与孩子相处，如何与孩子建立关系，其重要性无与伦比。

在与孩子互动时，你能在多大程度上不带偏见、不受外界评判，以及不受自身创伤的影响？作为主要关系人，你的依恋表现越自主，就越能与孩子建立安全的依恋关系，孩子越有可能表现出安全的依恋行为。对父母来说，依恋这个问题非常值得研究。如果你不知所措，就应该去寻求适当的支持。

在这里，我要重点强调一下，那就是关注孩子并不等于溺爱孩子，而是在帮助他，让他能够建立亲密的依恋关系，然后让他去爱，去独立。

我还想说，虽然早期依恋经历对人的一生至关重要，但也不会一成不变。就算孩子无法与妈妈建立安全依恋关系，也可以在日后的人生中建立安全依恋关系。虽然很难，但存在可能性。被领养的孩子就是一个很好的例子，虽然他们在人生最初几年没有得到关注，但他们还是可以很好地从被遗弃的创伤经历中恢复过来。

关于依恋，有个好消息是：一个人一生当中只要与一个人建立安全依恋关系就足够了，而这个人不一定是妈妈。这也是前文提到的考艾岛研究的一个重要研究成果。

安全的依恋关系可以保护孩子和成人免受精神危机的影响，帮助他们减轻压力，承受住社会的高要求，而不安全的依恋关系则会导致他们产生很多精神疾病。

依恋障碍

然而，不仅有各种依恋行为模式，还有依恋障碍，它对人也会产生深远影响。依恋障碍也指依恋剥夺、反应性依恋障碍、抑制型依恋障碍，主要源于丧失、虐待、殴打和排斥经历，即广义的情感暴力。孩子得不到关注和爱，得到的是排斥和暴力。有此经历的孩子通常表现出社交障碍、冷漠、排斥、攻击、自残，严重者最终会被送到精神病院。

2019 年，在德国制作、由诺拉·芬沙伊德执导的电影《系统破坏者》，非常深刻地展现了成千上万个生活在德国公立机构和私立机构中的孩子的命运。其中很多人缺失重要的依恋关系，因此会在没有任何距离感、没有自我保护的前提下轻易对他人表现出友好，做出寻求关注的行动。他们很难与他人建立深层关系，更容易受到虐待和剥削。会导致依恋障碍的还有分离经历、有长期患有精神疾病的父母、社会压力——比如贫穷。

德国儿童和青少年精神病学家卡尔·海因茨·布里施将依恋障碍分成七种类型：第一种，孩子完全没有任何依恋行为，因为他们一生从未遇到一个真正的关系人，也没有与他人形成依恋关系；第二种，孩子无差别的依恋行为，也被称为滥交，即使是和陌生人，他们也会迅速建立亲密的依恋关系；第三种，孩子即使到了学龄期还很依赖关系人；第四种，孩子害怕产生依恋行为，这主要发生在遭受身体虐待的孩子身上；第五种，孩子有攻击性依恋行为；第六种，角色反转，孩子承担着成人的责任，比如他们需要照顾体弱多病的父母；第七种，非常严重的依恋障碍，比如婴儿期的过度哭闹、腹痛、失眠、饮食障碍、发育不足。

孩子是小皇帝？

颇具争议的德国儿童与青少年问题研究专家米夏埃尔·温特霍夫提出过一个深入人心的说法——（过多的）关注和照顾会让孩子变成"小皇帝"。人们担心孩子会操控父母、支配父母和远离父母，没有按照父母的期待那样成长，应付不了社会生活，而这通常会成为施加精神暴力和情感暴力的理由。很多父母、幼儿园、学校、托儿所等依旧觉得过多关注最终会伤害孩子，并导致共生自恋 [1]。我认为，这些都是错误的、荒谬的说法，但对很多没有安全感的成人来说，他们更愿意相信一个简单而有权威的"解决办法"并付诸实践。将孩子称为"小皇帝"，就是我所谴责的"黑色教育"中荒诞有害的影响之一，我们要质疑、改变这样的想法。

我觉得，在了解了关于依恋的知识以及情感暴力可能对孩子造成的后果后，你应该很快就会摒弃孩子是小皇帝这一想法。其实，孩子只是在某些情况下希望我们满足他们的需求而已，他们发展得很好，我们应该为他们感到高兴，爱他们，认真对待他们，并支持他们的依恋行为，满足他们的生活愿望。

让我们以"难搞"的婴儿为例来说吧。婴儿总是哭闹，不愿意躺下，只想让人抱着，并坚持不懈地要求别人满足自己的需求。

Worte wie Pfeile

---

[1] 在亲密关系中一个人表现出非常自恋的倾向。

对父母和社会来说，这样的孩子往往是个问题，但事实上，这其实是进化得很成功的表现。人们通常认为，"难搞"的孩子会给父母带来更多压力，因此被忽视、遭受情感暴力和身体暴力的风险更大。从理论上说，孩子充满挑衅的行为在很早以前肯定预示着难以生存。美国研究者马丁·德·弗里斯想验证这一点，于是他决定去和马赛人共度一段干旱饥荒期。然而，他发现，那些大声要求别人满足自己需求的孩子，往往比那些安静的、容易照顾的孩子更容易存活下来。从进化角度来看，声音大、让人不舒服的孩子进化得更成功，我们可以猜想，或许我们都是这种孩子的后代。就个人而言，这表示哪怕在最艰难的环境中，这些孩子也更有能力让别人响应自己的需求并获得照顾，这种能力已深深刻在他们体内。如果你的孩子能清晰地表达情绪，强烈要求你关注他——恭喜你，你的孩子能很好地照顾自己，没人会忽略他；相反，那些沉稳和安静的孩子可能会独自承受痛苦，被人忽视。

孩子的需求并不总和成人的需求一致，将两者的需求协调一致是不可能的，我们也不应该将此当作目标。没错，我们的日常生活充满挑战，有繁重的家务，有需要投入精力的伴侣关系，有自己的需求，还有对我们有所要求的原生家庭，以及我们并不想冷落的朋友圈。因此，我们要非常有意识地、清醒地反复提醒自己，是生活状况让我们紧张和疲倦，而不是孩子——这一点非常重要。

我们，无论个人还是社会，都应该努力改变当下充满压力的生活状况，让需要教育和照顾孩子的人少一点负担，让孩子们少生病，让他们的依恋行为不再受到损害。因为不管对孩子还是对社会，长期遭受精神暴力的后果都非常恶劣。

要想在与孩子的交往过程中更多地意识到暴力行为，首先需要足够的信息。关于依恋行为的知识和对土著社会的考察能够拓宽我们的视野，并为我们指明方向：要想让孩子拥有快乐的童年，以及成年后拥有健康自信的心理，关键是关系人要足够敏感，多留意和响应孩子的需求。无论周围人如何评论，你都应该倾听自己内心的声音，相信自己和孩子，给自己和孩子更多的信任和支持。你要了解更多以需求为导向的教育信息，听关于儿童学习的演讲，并且尽可能让自己放松，减少生活给自己的压力。请相信依恋研究，请充满爱地陪伴和保护孩子。让我们一起努力，让情感暴力在可预见的未来成为历史！

在本书第三部分，我想邀请你进一步了解幼儿园和学校中的依恋关系、教育伙伴关系的意义，还有保护孩子对孩子和社会的重要性！

第三部分

为孩子创造一个非暴力
世界

第七章

新式父母会养育出强大
的孩子

快乐的童年从父母的
价值观和决定开始。

由于成人很少能意识到自己早期的创伤，于是这些创伤便会持续潜伏在灵魂深处发挥作用却不自知，而在人际关系中，特别是与自己的孩子相处时，这些创伤就会再次出现。当他们受到挑战忍无可忍时，便会说出那些曾发誓永远都不会说的伤人话。这些都是人之常情，可以理解，但不该反复出现，因为会伤害孩子。好消息是我们有办法躲开这些触发陷阱。

强大的父母养育强大的孩子

不久前，我和一位妈妈聊天，她在社交媒体上大力提倡远离情感暴力，让人们以需求为导向陪伴孩子。她告诉我，她希望所有人在生孩子前，做几周治疗以治愈自己的创伤。虽然这个建议乍一听很夸张，但有一定的道理，因为童年经历会影响人的一生。不过我觉得，并非所有情况都需要治疗，我们还有其他选择，不然我们如何应对骤然增多的治疗需求？

当一个人成为父母，他会将早期的育儿榜样——自己的父母——当作模仿对象，这可能会因人而异产生不同的影响。一些人有意识地与父母行事不同，并且比父母做得好；一些人则会将父母当作"好"榜样，重复父母对自己小时候所犯的错误、对自己的压制。这就是为什么孩子的快乐童年始于父母的反思。父母应该自问:我的童年哪些方面好,应该保留? 哪些方面如今不再有用,应该有意识地摒弃?

如果父母都这样反思自己的童年,那就很少或不会再有孩子会说出类似"对我造成伤害"的话语了。如果继续深挖,我们会发现,这些曾经的受害者至少在一定程度上知道,是某些教育方法给自己造成了精神伤害,可他们不敢面对。这么做是出于自我保护,也是因为成年的他们不想在事后伤害与父母的关系。这是人之常情,完全可以理解,但这样就无法打破情感暴力的恶性循环。

我觉得,我们应该参加相应的培训或去治疗,用充满爱的方式反思自己的童年。一方面,这会让我们有机会治愈之前的创伤;另一方面,也会让我们避免因自己的创伤或无意识的行为对孩子造成伤害。

不要责骂,要创造亲近的时间和空间

责骂会给父母和教育工作者带来压力,尤其是给孩子带来压力。责骂会抑制孩子的情绪,制造不安和恐惧,还会阻碍他们自由发展自身潜力。但父母和教育工作者该如何应对与孩子日常相处时出现的各种问题呢？最大的困难恐怕是在关键时刻要保持冷静，克制想要责骂的冲动。责骂只会在短时间内起作用，甚至完全不起作用。事实证明它甚至有害！更好的做法是平静地提醒孩子遵守规则，并让自己保持冷静。你也可以在这些时刻问一下自己：我现在感觉如何？我生气真的是因为孩子房间乱糟糟吗？还是因为被其他事搞得晕头转向？

当孩子生气时，事情会变得更困难。孩子哭闹着不想上床，会让父母承受身体和精神上巨大的双重压力。面对这种情况，人通常有三种反应：逃跑、攻击、僵化！这都不是特别好的解决方案，因为孩子通过模仿学习，他们会从父母应对压力的方法中学到自己应对压力的方法。因此，父母要时刻记得，孩子不是压力的化身，你很爱自己的孩子，千万要记住。父母应该多注意自己的感受，站在旁观者的角度观察自己的内心，这样能防止自己被情绪控制而责骂孩子。

当孩子理解了父母为什么说"不"，并且仍感受到被他人倾听、被他人关注，就能更好地接受不好听的"不"。"我知道你现在想吃冰激凌，我也想吃，但是得等一会儿才能吃。我先把厨房打扫完，然后我们就去吃冰激凌。"这里有一点非常重要，就是要坚守承诺，否则你会失去孩子的信任——这是我们最不想看到的。

孩子的安全感越强，对成人的信任越多，越会敞开心扉表达自己的感受并进行合作。请设身处地地思考一下，如果你真的信任某人，就不会质疑对方说的话，而且更有可能满足对方提出的要求，因为你知道自己不会被利用，不会被欺骗。而你之所以信任对方，是因为你一直知道对方喜欢你、重视你。孩子需要的正是这样的尊重。我们要重视他们的想法，体会他们的感受，这有助于我们理解他们的心理。父母越理解孩子，日常生活就越轻松，因为所有人的感受都被顾及到了。需求能被他人感知比需求被立刻满足更重要。

减轻日常生活的压力

孩子就是孩子，有自己的需求。虽然生活经验不够丰富，但他们是专注的旁观者，懂得很多。他们以孩子的视角感知世界，因此看待事物的方式与成人不同。他们对一些成人不会在意的小事有着令人钦佩的眼光，对他们来说，这些小事就是他们的世界！在这个世界里，他们希望自己被认可，希望被当作有理解能力、称职的交流对象，如果我们没有这样对待他们，就会伤害他们的自尊。

然而，我们成人只有在生活压力没那么大时，才有余力尊重孩子，有意识地多花时间陪伴孩子，创造一个安全的、充满爱的环境，有利于舒缓情绪、解决矛盾。你一定知道，当自己快被压垮时，会把孩子的需求和感觉视作扰乱因子，甚至威胁因子。而你将日常生活安排得越好，越能避免外部压力的侵扰，越能解决困境，就越有空间和孩子互动。这时，你就创造了一个发展、相遇、亲近的空间。

观察如今的家庭时，我总感到震惊，也很好奇一家人到底什么时候才有时间在一起。通常，他们的日常生活被工作、接送、见面、业余活动填得很满，几乎没有喘息机会。积极生活固然很好，但必要的休息、共同活动、高质量的家庭时间（除了度假）太少了。同时我也观察到，很多新式父母会主动花更多时间陪伴孩子，而不是去参加家庭聚会，因为他们知道，让一个四岁的孩子心情舒畅地静坐三个小时非常难。请仔细思考一下，自己和孩子想要什么——这也是在主动保护孩子。

如果父母和教育工作者有意识地选择关注积极的那一面，关注孩子的能力，那压力就会小一些。你家发生过这种事吗？孩子想做甜点，几次都没做好，还把厨房弄得乱糟糟，但他最后通过实践学到了牛奶很容易糊。然后，你帮小厨师打扫起了厨房，当然，你也可以独揽。但是，如果你独自一人很生气地收拾完厨房，那孩子就会认为"我做完饭有人帮我打扫"。对小厨师来说，这很舒服，但如果他喜欢做饭的话，你很快就会崩溃。

孩子希望自立，并参与到生活中，很多父母知道这一点，实际也做到了。每个人都有发言权，每个人都被需要，哪怕孩子再小也愿意力所能及地参与家务，只要大人愿意花时间和他们一起练习。虽然刚开始可能要花很长时间，但从长远看，如果每个人都能承担一点的话，就能减轻整个家庭的负担。而且，当孩子感受到自己的价值、有了归属感后，自信心也会增强。

作为父母，我们应该活在当下，应该用心问问自己的身体感觉怎么样、精神状态如何，这有助于摆脱枯燥的、让人无力的日常琐事。在有孩子的家庭中，事情无穷尽，人很容易陷入绝望。因此，我们首先要告别完美主义，其次要承认自己一直在全力以赴，毕竟没有人能做到完美。

但如果有什么事进行得不顺利呢？那就笑吧，笑是一剂良药。不论谁，都可以自嘲，拿自己开玩笑，不要总较真。笑可以缓解紧张气氛，让人快乐、健康，是最好的、最有效的抗压药。如果压力增多、增大，请先考虑是否可以诙谐地处理，那样效果也会更好。

共情和参与是孩子变强大的关键因素

和孩子相处时，共情非常关键，比如使用共情的、赞赏的语言（哪怕是在有矛盾的时候），平等地、诚恳地与孩子交流。有人理解自己的感受，对任何年龄段的孩子都很重要。孩子生气，一般是想获得关系人的认可，希望关系人能认真对待自己的感受。"我知道你因为我们没去游乐园感到难过，但今天没法去了。我们现在可以看看什么时候能去。"这句话既表达了你的理解，也提供了一个备选方案，将生气化为期待。我们可以从其他亲密关系中学到这些处理方法。通常，只有双方感到自己被看见、被理解时，矛盾才能化解。但这并不是说一方突然就能够同意另一方的意见，或者化解矛盾，只是双方能够换位思考而且都表达了自己的感知。

虽然我们经常忘记自己曾是孩子，但童年记忆即使被日常生活掩埋，也依然留存在我们心中。有意识地花时间回忆自己童年时的经历有助于体会孩子的感受，尤其是在孩子面临巨大挑战时。有时候，父母对孩子的很多假想根本就是错的，孩子不是故意要挑衅，要主宰一切。他们那么做，只是在表达自己的内心需求和个人感受。孩子并没有故意惹父母生气，虽然有时难以置信，但事实就是孩子的初心并不想惹人生气。即使他们心情很不好，也不会有意为之，即便是故意的，也是希望成人能注意到那些让他们感觉不舒服的事。

如果孩子下次又在超市里大喊大叫，或不愿意穿鞋时，你可以这样想：孩子在表达自己的感受。或许他一整天都很累，或者是被超市里巨大的商品、刺眼的光线、刺耳的广播、拥挤的人群吓坏了，又或许他只想独自待在房间里玩耍，而不想慌张地赶来赶去。我们还要记得，面对发生在自己生活中的事情或与自己相关的事情时，孩子拥有的决定权也比我们小得多。

参与就是一切

要想在亲子间建立新型的、健康有力的互动，第二个关键是参与。如果孩子能够参与到日常生活的安排、家庭的决策以及家务中，那他们就更有自主性。他们不再觉得有人会替自己做决定（早晚得反抗），而是能参与其中，成为家庭中的一部分。但这并不是指每个决定都应该依照孩子的意愿，也不是指孩子需要承担责任，因为承担责任完全是父母的事。事实上，很多孩子已经悄悄地参与到可以决定自己日常生活的事情中了，只不过父母不愿意让他们参与得更多。

孩子天生对理解父母为什么这样做，为什么某件事很重要，以及为什么要突然改变决定的事感兴趣。花时间和孩子解释事情的原委，而不是冷冰冰地告诉他们既定事实，非常重要。比如，在一个本该舒适放松的早上，我们却突然得赶时间，这时可以向孩子解释为什么要抓紧时间准时赴约。如果不解释，孩子往往会毫无预兆地反抗，因为这激起了孩子主张自我的冲动——主张自我对他们的发展至关重要。很明显，孩子的行为打乱了父母的日常计划，让事情走向死胡同。这时，只有两种解决办法，要么改变之前的计划，要么把压力施加给孩子，而这两种情况都可以避免，你可以让孩子相信他的意见和感受被纳入计划里了。

在这一过程中，孩子能学会理解某些决定的后果和自己行为的后果，并重新认识自我，这样他们就更愿意合作。这需要时间，但这是你给自己和孩子做的最好的投资，因为信任的回报是巨大的，并且会持续一生。

和孩子进行非暴力沟通

所有人，无论是不是父母，都是孩子的榜样。人们希望孩子能和睦地与人相处、情绪稳定地行事，希望他们能用尊重他人的方式解决矛盾，然而，我们自己做一做就知道这有多难了。当我们面临某种焦灼情况时，很难找到除责骂和威胁之外的其他方法。所以，我们需要提前思考一些策略，也可以看看那些刚成为父母的人是怎么做的。我建议家长们在相关社交媒体上寻找更多灵感，和大家互相交流。

"不要，不要，不要，我不要刷牙！"要想打破这一典型的亲子间的权力之争，首先要缓和其中的紧张气氛。前面提到过，我们可以笑，可以幽默，也可以玩耍。一种方法是发现牙刷的有趣之处，另一种方法是把牙刷变成一个玩具。你可以等等再刷牙，先拿一个毛绒玩具和孩子一起刷牙，或让孩子看着你给毛绒玩具刷牙。你也可以试试刷牙儿歌，问问孩子是不是也想刷牙，也许孩子就不排斥了。有时候，一天不刷牙也可以，牙不会那么快坏掉，世界也不会因为不刷牙而毁灭。

此外，在与孩子相处时，非暴力沟通的基本原则也很有用。非暴力沟通是一个行为概念，由美国心理学家马歇尔·B.卢森堡提出，该理念最重要的是共情和避免作评价。这听起来很简单，也确实很简单，只要你已经将其内化于心。如果还没有，那只要反复练习以下内容，你的生活、你家人的生活将会变得更舒适。

非暴力沟通由四步组成：

第一步，不作评价的观察。

第二步，表达一种可以引发共情的感受。

第三步，组织语言表达需求。

第四步，提出请求。

相对应的实例是这样的：

第一步，和孩子分享你的观察："餐桌上摆满了玩具，放不下餐具了。"

第二步，表达这件事引发的心理感受："我很担心，因为利努斯和妈妈马上就要回来了，我们要吃晚饭，但快要来不及收拾桌子了，我很紧张。"

第三步，表达你的需求："我觉得，把餐桌腾出来很重要。"

第四步，在这个基础上提出你的请求："请你把玩具拿到客厅，这样我才能把餐具摆到餐桌上。如果你愿意的话，我可以帮你。"

即使孩子年龄很小，他也会理解。非暴力沟通减轻了日常沟通压力，但并不是要始终保持客观或立即找到解决方案，而是要通过理性沟通关照到所有参与者，让所有人的尊严得到保护。只有这样，沟通才有效。

道德评判、比较、回避责任、强人所难，被卢森堡称为异化的沟通方式，应该尽量避免，尤其是避免说出这样的话语："你真是无可救药！又把所有玩具放到桌子上了！你就不能有点条理！还要我说多少次？"它是精神暴力，会攻击孩子正在形成的自我意象，甚至在孩子成年后继续折磨他们，让他们成为严厉的"内心批评家"，持续不断地在内心惩罚、贬低自己。精神分析学家称其为心力内投——受影响的孩子会内化父母严格的教育，再也无法摆脱它。

非暴力沟通最关键的是，人要为自己的感受负责，不能怪罪他人。没人应该为他人的感受负责，而且感受无一例外地生于自己的内心，而非他人身上！

非暴力沟通防止矛盾升级

一个特别微妙的暴力沟通方式是沉默。成人在孩子面前冷漠地保持沉默，就像眼中充满怒气地在对孩子无声"大喊"。面对特别危急的情况时，更有效的方式是与孩子沟通分歧和担忧，表示自己想暂时冷静一下。这不是把孩子支走，而是和孩子沟通说明自己想静下来好好思考一下，因为自己不知所措。这样，孩子也能学会通过思考寻找解决方法，并弄清楚自己的感受；最重要的是，他们知道人可以调节自己的情绪。这些都是终生任务，我们不能要求孩子做到连我们自己都做不到的事。在这里，父母的榜样作用也很重要。

有时，矛盾或愤怒的原因不与触发点一致，知道这一点很有用。我们可能会因为在工作之外还要处理家务而烦躁，但冲突的直接触发点则可能是孩子之间激烈的争吵。新式父母总会描述他们如何充当孩子之间的调解人，这时，非暴力沟通也是避免矛盾升级的好办法。很多父母喜欢以权威身份介入其中，去批评做出过分行为的孩子——"汤姆，别再推你妹妹了。"汤姆本来就被自己的愤怒冲昏了头脑，听到这样的斥责和威胁，他可能会变得更生气，如果不发泄出来，就会转化为对自己的厌恶。这种情况下，有效的做法是共情——"你很生气，因为米亚在你的风筝上画画。而米亚你呢，其实是想和汤姆一起玩风筝，所以很沮丧。我们该怎么办呢，你们有什么主意吗？"

当然，这一做法并非适用于所有场合。无论如何，成人应该以保护孩子的权威身份介入其中，让他们分开，进而终止冲突。所以，先试着充当一个调解人吧。

一味让步也不对

美国作家阿尔菲·科恩在《被宠坏的孩子的神话》一书中分析了常见的教育策略，如今依然有很多父母、专业人员通过操控、"贿赂"的方式让孩子听话，给他们施压。这些方法都属于精神暴力，会伤害孩子的自尊。有些方法甚至源于动物驯养，比如，我们不应该理睬热情迎接主人的宠物狗，之后，它很快会明白，只有安静下来才能得到关注，但这无法改变被忽视的残酷事实。请想象一下，你满心期待着最爱的人在长途旅行后回家，你倍感幸福，只想拥抱他，亲吻他，不知道要怎么安置这份幸福，而你最爱的人却对此毫无兴趣。你试了又试，他还是不理睬你。然后，你放弃了，悲伤地、失望地坐在椅子上。这时，你最爱的人冷冷地说："你看，这就很好，怎么刚才不能这样呢？"

当然，满足孩子的所有要求也不对。父母可能有各种各样的理由来满足孩子的要求，比如自己因工作太忙而感到良心不安，或要求完美。但是，帮孩子分担所有事，实现孩子的所有愿望，会严重地限制其自我发展。孩子需要融入社会，需要自由空间，需要挑战，那样他们才能学习，才能成长。如果那些挑战不能锻炼他们的能力，那他们就没有内在动力来面对，也就无法培养自我效能感。得益于这些关键经历，孩子才会变得坚强，才有能力应对日常生活。

援助之手——来自我的工作经历

经常有人问我，什么是正确的教育。从我的职业经历和生活来看，持有陈旧观点的人数远远超过了希望用关系导向思维和非暴力方式对待孩子的人数。就在最近，一位妈妈带着三岁的女儿来找我。这位妈妈想给女儿找一所合适的幼儿园，她觉得女儿应该在幼儿园有非常具体的发展规划，最终能学有所成。为了不让小女孩无聊，我给了她一个装满闪片橡皮泥的小篮子、一本水彩本和一盒水彩笔。还没等她接过篮子，妈妈就要求她说魔法词"谢谢"。我对她妈妈说，她的笑就是对我的感谢。听到这话后，她妈妈看起来变得弱小无力。她问我，这样教育孩子要求懂礼貌是不是错误的。我伸出了援助之手，否定了她的疑问。因为在我看来，这不是"是不是"的问题，而是"如何"的问题。

那你呢，你上一次觉得自己犯了"育儿错误"是什么时候？每个与孩子有关系的人都会有这个感觉，哪怕自己是出于好意，哪怕我们在育儿上做了很多努力，可我们终究是人，免不了会犯错误。我们会恼怒，会不耐烦，还有可能因为太过专注于自己的事情，导致根本无法达到自己那些过高的要求。

我伸出援助之手，邀请你从新视角观察这些"错误"。人与人之间的互动，尤其是成人与孩子之间的互动，本质上存在隐形冲突。如果你能处理好，那你们会一起成长。请坦诚地面对自己的情绪，表现出对话意愿。如果你对孩子或长辈做错了事，就去道歉，孩子会因此学习人际关系，学习你的行为，获得成长。我们爱的人会让我们失望，这是不可能避免的，童年时期会有，长大之后也会有。但是，如果我们学会接受偶尔的失望，将其视为人性的一部分，直到它不会损害安全关系，那我们就可以重塑自己。和新式父母、新式教育工作者在一起，孩子会变得很强大，因为他们知道，雨过天必晴。

要想创造一个非暴力世界，最重要的是父母要懂得自我反思，而且家中成员相处时要共情，并互相尊重。"如果我的孩子这样做，我就……"这种严格的规则和态度非常好，却也限制了家长的行动范围，因为孩子的行为多是基于现状而发出，很少有刻板行为，父母和教育工作者的反应越灵活，越能产生共情，就越有可能和孩子共同寻找到解决方案。

新式父母会尽量不给自己施压，因为他们知道有时自己无能为力，他们也知道自己不能用以前那种陈腐的观念束缚孩子。他们会很可靠地陪着孩子，因为孩子非常了解他们，知道他们不会出尔反尔。虽然陪伴孩子时的可靠性对孩子的自我定位很重要，但也不必成为一种死板的束缚。比如，某天，你想安心地打电话，就允许孩子多看了十分钟电视，这不是打破教育孩子的一惯性原则，也不代表自己出尔反尔；相反，这代表你没有把家变成一个战场，而这正是我们与孩子相处时应该注意的。

在非暴力、安全的家庭中，人可以毫无畏惧地表达自己的情绪，他人能感知到自己的需求，会倾听自己的请求。但这不是说，所有人都能得到想要的一切，而是说，大家生活在一个舒适的、充满关爱的环境里，每个人都在其中发挥着重要作用。

第八章

家庭、幼儿园和学校是
安全成长的地方

情感暴力已经被制度化——现在是时候改变了。

我曾走访五百多所幼儿园，目睹过发生在那里的情感暴力，迫使我写下本书的动力也来源于此。本该让孩子安全成长的教育机构——幼儿园和学校，却处处存在辱骂、威胁、贬低、强迫、勒索、操控、拒绝、排斥、忽视等情感暴力。这本书将彻底打破禁忌，将视线投向这些社会矛盾。

一方面，我们真心希望孩子在成长过程中能得到最好的支持和保护；另一方面，我们希望父母双方能尽快返回工作岗位，这既是出于自我实现的原因，也是经济上的需要。现在，一份收入已经很难维持一个家庭的生活，即使有两份收入，也不容易。同时，我们也知道，把年幼的孩子送去托管虽然很方便，但也有风险，有可能导致依恋关系断裂，给孩子造成发展创伤，让孩子经历情感暴力。但是否会有这样的结果，与教育榜样的性格有关，也与幼儿园、学校等机构的结构有关。

这些机构通常缺乏训练有素的工作人员，也缺少空间资源和财政资源。专业教育人员刚入行时基本都有很高的教育标准，但很快，他们的激情就被要求过多而回报过少的系统消磨殆尽。于是，他们监护孩子，而不是照顾孩子，更不会充满爱地陪伴孩子，哪怕是最年幼的孩子。关于儿童托管的争议和女性工作的话题一样古老，但我想将焦点从父母身上转向机构和社会责任上。

幼儿园的日常生活

德国 2021 年 6 月的一项调查显示，全德幼儿园缺少约十七万名育儿师。由于人员严重不足，一个育儿师至少得照顾十七个孩子，这种情况很常见。同时照顾多个学龄前儿童的人都知道，想要顾及每个孩子几乎不可能，更不用说理解他们的个人需求和感受了。面对这种情况，监护是最好的办法，根本不可能通过鼓励和共情来和孩子互动。再加上育儿师的工资很低，压力很大，任务又非常繁重，因此不难想象，在这种环境中，在这么大的压力下，孩子遭受精神暴力有多司空见惯。

此外，幼儿园的教室都是封闭空间。若有老师用暴力对待孩子，其他同事也不太会干预，孩子也没机会诉说自己的痛苦经历。即使孩子能够表达，有些父母也往往不在意，因为他们完全清楚，自己必须在工作和令人不满的幼儿园之间妥协，只能忽视暴力。

幼儿园中的情感暴力有很多种，有可能是逼着孩子吃午饭、睡午觉。为了方便照顾所有幼儿，幼儿园的日常生活安排得井井有条，因此不可避免会出现这种情况。再加上孩子是独立的个体，个体发展各有千秋——有的孩子喜欢安静地玩，有的孩子想获得关注，有些孩子间有矛盾，有些孩子则面临着需要成人支持的挑战。很多时候，工作人员根本无法给予孩子所需的陪伴，也缺乏对情感暴力的认知。

在教育工作者、教辅人员参加的研讨会上，我总不断强调，教育童话直到现在还影响着很多父母，也影响着很多从事幼儿专业工作的人。有人可能认为，只有那些接受过传统教育的人才这样。其实不然，有些年轻人也提倡使用精神虐待。另外，很多幼儿园存在空间结构和组织结构问题——给孩子们自由玩耍、去户外亲近大自然的时间太少。孩子经常被"困在"逼仄的房间里，如果可能，还会被安排上课，为上小学做准备。然而，自由玩耍才是人类发展的基础，人的沟通力、创造力、智力发展都基于此。

学校可能是侵犯儿童权利的机构？

仔细观察一下学校就会发现，那里的情况更令人吃惊。除了老师偶尔准备不足、班级规模太大，还有制度上的选择压力——成绩好、学校好、制度严格。在这一制度下，儿童是有缺陷的人，得时刻接受监督避免"脱轨"。虽然现在有很多教育工作者很想实施不一样的教学方法，但根本没用，因为规则制度过于强大，几乎没有回旋余地。学校的教学计划、规章制度、对成绩的要求都很严格，老师们必须得履行好自己的职责。学校始终是一个机构，培养的是功能正常、适应社会的个体，能满足劳动力市场的要求。

若想真正做好生活准备，我们需要比如正念训练、媒介素养、解决矛盾的能力，甚至还有基于个体才能的发展支持。然而这些现在都没有，就算有，也是意外获得或在课外活动中才有。

按照过时的教学指南制订教学计划，反复引入基础不够扎实的教学方法，会让孩子感觉混乱，导致越来越多的孩子无法适应学校生活。可人们非但没有认真对待这些警告信号，反而认为孩子生病了。如今，被确诊患有多动症、自闭症和被故意放大病因的认知障碍症的孩子数量急剧增长。还有，孩子间学习水平参差不齐，生活环境千差万别，个人兴趣爱好不尽相同，都可能直接或间接导致他们遭受制度暴力、言语暴力、精神暴力。在向我咨询时，一些沮丧的老师说，他们不可能理解所有孩子，如果自己生气了便会朝学生大喊，以便让学生安静下来从而正常推进教学。由此一来，孩子们觉得自己受到了不公平对待，还觉得老师不喜欢他们。家长则不知所措，因为他们不敢和老师开诚布公地谈话，怕自己的孩子被刁难。

但这并不是说，老师是让学校变成对孩子不利系统的罪魁祸首。相反，是某些原则导致学校对孩子不利。比如，与同龄人的比较无处不在，孩子们常年被置于完全无法摆脱的竞争环境中。随后，霸凌、不敢上学的问题滋生、蔓延；孩子的个性化发展被抑制；教育沦为单方面传授知识；孩子们没有时间进行心智培养，没有时间进行个性化兴趣学习。

为了跟上进度，很多孩子还得在休息时间努力学习，完全失去了自由时间，甚至还有失去童年的风险。父母根本不会理解他们，因为近年来，人们痴迷于考学！

为了更好地承受压力，孩子会将压力深埋于心。而回到家里，父母则会指责他们懒惰，甚至贬低他们，比如会对孩子说："别人都能做到，你怎么不能！"这句话里隐藏着很多无形暴力，如快箭直插人心，即使孩子在成年后回头看，依然会感觉疼痛。

在现实中，真正的参与和包容有时只停留在口头上，几乎无法落实。这里所说的包容，不是指给特殊的孩子发一份独特的作业，或让他自生自灭。目前的参与和包容是，孩子们得参与到学校的运行中，可他们却总是感觉不到任何参与感和影响力。这最终导致孩子们失去动力，感到沮丧，并产生所谓的"问题儿童"和"差学生"，然后学校系统再把他们迅速筛选出去，以免他们干扰系统的正常运行。

教育机构的积极影响和消极影响

毋庸置疑，来自弱势家庭的孩子会从儿童托管机构中受益，因为他们获得了良好的外部照顾，很多研究都证明了这一点。当然，这和托管质量有关，那些仅仅被机构监护的孩子并没有从中受益。人们反复说孩子必须在幼儿园里才能习得社交技能，这缺乏科学依据。孩子需要同龄人没错，但不一定要在一个机构里。决定孩子社会行为的是原生家庭，而不是与同龄人的互动。

事实上，如果一个孩子没有获得良好的照顾，尤其是刚出生那几年，会引发更多行为问题。如今，越来越多的父母缺席了孩子的童年，很多孩子到了幼儿园、学校才对世界和自己有了大概认知，而受父母影响的多少则受限于共度时光的长短。这对孩子的成长和成年后的自我有什么影响尚未得到充分研究，可能要过几年才能弄清楚。

神经生物学早已证明，只有与他人建立积极的关系，人才有足够的动力学习。但在日常教学生活中，教育的镜像效应和共鸣过程几乎销声匿迹了。虽然教育工作者很想将其融入工作中，但他们力不从心，只能在各种制度的限制前望洋兴叹，不得不把孩子们分成"正常的"和"难搞的"，并让孩子们明白为何会有这样的分类。这就是一种情感暴力。

这样一来，"正常"就变成一种适应能力——压抑自我需求、适应制度要求。那些无法适应的孩子就会被排斥、被贬低，对他们的自我意象造成灾难性后果。他们心里会觉得自己不够好，没人接受自己，然后开始逃避，比如做白日梦、打游戏，或做其他对自己有积极影响的事。他们自我斗争，不相信自己的能力才智。

他们觉得世界对他们充满敌意，越来越不自信，然后陷入恶性循环中，之后都很难摆脱。因此，他们心生挫败感，要么听天由命、自我憎恨，要么直接攻击他人。虽然很多孩子离开学校时很正常，但无法保证他们以后不会变成那样，比如没考上大学、没找到工作或与病因不明的精神疾病抗争时，可能才会显现出来。

人们认为很多年轻人的人生很失败，但并非都是他们的错，是社会没有完成任务，没有让他们做好生活准备就融入社会。那些大学毕业后顺利就职的"成功"人士，虽然经历了对人产生重要影响的学校生活，但不能完全归功于学校，还有个人因素。

私立托管和私立教育只适合部分人

调查显示，如果有条件，德国大约 80% 的父母愿意让孩子接受私立托管和私立教育。这意味着，越来越多的人，尤其是高收入人群，会优先把孩子送入私立机构，这样孩子也就没有了在公立机构中的经历。

私立幼儿园和私立学校采用小型班级个性化教学，孩子的个性化需求更容易得到理解，个人才能更容易获得关注。在一些家长向我咨询时，只要涉及快乐的、有成效的、可持续的学习话题时，我都会建议那些绝望但富裕的父母换幼儿园或学校。因为根据我的观察，就读于私立机构的孩子和父母更容易体会到有成效的学习，而且确实更有成效。而对其他人来说，就只能身处其中为维护自己的精神健全和个人尊严进行艰苦斗争了。

我们不能因为自己经历过学校生活后完好无损，就将学校教育视为正常；我们也不能因为目前的研究成果证明教育的基础是良好的关系，就觉得不需要改革教育现状，不需要其他资源了。而且，我们还面临着严峻的全球挑战，不仅需要自信的、创新能力强的小精英，还需要让所有人一起迈向未来。

援助之手——来自我的工作经历

我的工作主要是处理教育人员对孩子施加的暴力。在本书中，我举了很多极端案例来说明，孩子们在幼儿园和学校遭受了多少暴力，也提到了如何避免这些暴力。

在这里，我想请家长注意，如果幼儿园或学校没有好好对待你的孩子，你一定要说出来，表明自己的态度；你也要仔细观察，注意孩子发出的信号，相信自己的感觉。很多父母、教育工作者对我说，自己不敢说出看到的错误行为，因为害怕受到惩罚。现在，请各位成为促进改革的一分子吧。在教育场所，更需要态度坚决地执行非暴力。

顺便说一下，我在实际工作时，经常遇到父母沉默应对学校事务的情况，却有很多新闻报道父母遇到一点小事就起诉幼儿园和学校。大部分父母会为了表面的和平而保持沉默，你也是吗？如果是的话，你觉得这样做对吗？

我们能做什么？

在我印象里，好像所有父母都希望幼儿园和学校能成为与时俱进的教育场所。但现实是，父母常常独自与时俱进，而且很快会发现自己在以卵击石。其实，一味谴责教育机构、教育工作者是不对的。相反，我们应该在个体互动中创造理解空间和交流空间，让孩子从中受益，而这又对父母和教育工作者提出了高要求。但这似乎是由内向外推进改革的唯一途径。此外，我们需要在整个社会开展一场开放式辩论，讨论一下我们想要什么样的教育制度。

即使大多数教育工作者全身心地投入工作，可还是会受到父母的批评。我们应该寻找志同道合的家长、教育工作者一起为共同的伟大事业奋斗，而不是加深这两个群体间日益凸显的裂痕。直到目前，在孩子没能成为学校希望他成为的样子时，彼此还会互相指责，而孩子受到的影响最大。不论个人还是社会，都需要摆脱这一局面。

我在工作中每天都会遇到因为考试而焦虑的人，不想犯错的人，认为自己有缺陷的人。他们之所以这样，是因为他们从小就被各种评判。不可否认，在父母几乎没有任何影响力的教育机构中，很难谈论安全空间，但也不是所有孩子都会遭受暴力。从我的职业经历来看，很多孩子在教育机构中遭受过精神暴力，且被动地观看暴力场面也是在遭受精神暴力。比如，老师责骂学生，遭受精神暴力的不仅是被责骂的孩子，还包括其他孩子。人脑中有镜像神经元，能让我们共情他人，而这共情可能是幸事，也可能是魔咒。

因此，作为教育孩子的共同体，父母和学校应该齐心协力，共同打造平等的教育教学伙伴关系，而且父母要积极参与建设学校的生活环境。许多教育机构已经将以儿童需求为导向的教育方法融入了实际教学中，其中就包括与父母的合作。只不过，这尚未得到充分实施。这时，家长可以充当孩子的代言人，和教育工作者一起努力寻找非暴力的日常相处模式。

教育教学伙伴关系对每个参与人都有益，幼儿园和学校也越来越重视这种关系。父母应该利用好这种关系，不要把教育机构只当作提供教育服务的地方，进而从内向外地改变教育系统。父母可以直接问幼儿园和学校，看看它们在父母合作方面有什么理念。如果所有相关方——需求导向型父母、幼儿园、学校——能愉悦地进行合作，那么一定可以给孩子们创造出安全的空间。还有，要尽力将幼儿园建设成孩子们能够积极玩耍和参与的地方。在很多幼儿园，教育教学伙伴关系已经远远超出基本范畴。在那里，有的父母给孩子读书，有的父母给孩子做玩具，有的父母给孩子做职业普及，大家还会一起去郊游、参加活动。不仅教育工作者，父母也要多多参与，共同在空间层面和活动层面建设幼儿园。

教育工作者也要尽可能地共情。虽然很多教育计划要求共情，但在实施时并未落地。对父母和教育工作者来说，这反而成了一个可以改变幼儿园或学校的良好出发点。

作为家长，当孩子想讲自己在幼儿园或学校的日常生活时，请一定要不断强调，你愿意随时倾听。听完孩子的讲述，还要敢于向教育工作者表达自己的不满，并提出改进建议。如果孩子没能取得预想中的好成绩，请不要责怪孩子，要鼓励他，让他保持自我价值感，关注他在校园外取得的成绩。你可以参加休闲活动，与那些欣赏你和孩子、不评判你和孩子的人建立联系，抱团取暖。

只有改革教育系统中的三方，我们才会有一个真正相互影响的安全场所，教育机构和家庭才能不断交流，互相尊重，尤其是互相照顾。这需要时间、金钱，也需要勇气，最重要的则是需要积极的儿童观。

我提倡积极的教育，主张摒弃旧观念，代之以积极、正面、

情感暴力

包容的人性观。我常常震惊于从事儿童相关工作的人，对儿童心理和成长过程知之甚少。因此，我们也需要对所有从事儿童相关工作的人进行教育。现在，父母和教育工作者都有责任改变。如果我们能认识到年轻人的潜力和创造力，并鼓励他们好好开发与施展，不仅对现在的孩子和未来几代，甚至整个社会都将大有裨益。

如果我们不再容忍幼儿园和学校的情感暴力，不再无视阻碍孩子成长的环境，那这个社会将变得更开放，更富有创造力，更让人满足，更让人成功，更让人自信。父母、幼儿园和学校一定要共同努力，为孩子们打造一个安全的空间。

第九章

保护孩子——我们共
同的使命

所有成人应该肩负
起责任，把为孩子
打造非暴力世界的
愿景当作共同使命。

如果我们想真正地保护孩子免受来自家庭和教育机构的情感暴力和精神暴力，那所有相关人员都要积极参与：父母、教育工作者、政府工作人员，当然还有所有公众。

新冠肺炎疫情表明，当其他利益尤其是经济利益占上风时，孩子的需求会迅速被遗忘。不管在哪里，孩子都会成为日常生活经济化的牺牲品。能自由地、无拘无束地成长，做一个真正的孩子的机会越来越少。孩子们真实响亮的笑声、玩耍声常常被当作噪声。在幼儿园和学校，他们得严格按照规范发展，要进步，要取得好成绩，根本没有空间和时间去自由快乐地玩耍，而玩耍对人性、沟通能力、合作能力至关重要。我们对孩子的投入越来越少，却希望他们更好地成长，尽量别给我们添麻烦；我们把他们的童年和成长经济化，并将他们对童年和成长经历的反应看作有病。这些都是社会急需调整的"螺丝"，以便孩子的童年重新成为受保护的成长空间。我主张让孩子做孩子！每个孩子都是独立的个体，成长也是。

此外，整个社会必须就我们想以牺牲孩子的利益为代价承担多少工作展开讨论。目前，父母的工作时长还是以各单位的需求而定，而不是根据家庭的需求来定。之所以需要全社会来就此公开讨论，是因为目前经济的发展是以牺牲孩子的精神健康和成长为代价的，以父母尤其是妈妈承受双重负担为代价的。我们都知道，父母是孩子人生中最重要的关系人，如果没有这特别的依恋关系，孩子就无法成长。整个社会为此付出了巨大代价，而现在，则到了我们为此清算的时刻。

家庭中的儿童权利

儿童权利最常受侵犯的地方是在家里，很多家庭中还存在类似辱骂孩子的行为，而且很常见。

在我的实际工作中，我看到越来越多的人在寻求非暴力方法，却极少能找到。孩子的健康的确很重要，但过高的要求、生活现状、缺乏支持、疾病或其他困难，让父母和教育工作者望而却步。因为大家都缺乏儿童权利方面的相关知识，没有接受过相关教育，更无法获得帮助，无处去咨询。对单亲家庭、移民家庭、患病家庭、贫困家庭以及有其他困难的家庭来说，情况更严重。还有，强烈的羞耻感和恐惧感也在阻止父母和教育工作者寻求帮助。

大家应该共同努力创造一个所有家庭都能获得咨询和解决办法的场所，并将其当作首要任务，因为这关系到所有人。在德国，一些幼儿园已经开始扩展为家庭中心，将来这一做法可能更普及。请一定要警惕，不要让家庭独自面对困难，防止一些家庭被污名化。只有这样，我们才能一起积极地保护儿童，并根据他们的需求提供帮助。

目前，社会上缺乏与儿童权利相关的教育。电视节目和社交媒体应该多做宣传，增强大家的意识，让所有人都知道健康的童年应该是什么样，以及整个社会如何做才能避免精神暴力的出现。

教育机构中的儿童权利

大约 90% 的孩子在三岁左右上幼儿园，而在幼儿园生活中，他们的权利却不受重视，只起微弱作用。一部分原因是幼儿园人员配备不足，但主要原因还是人们缺乏权利意识，顽固地认为成人应该为孩子做决定。孩子们很少能参与决策，没人倾听他们的兴趣和需求，更不会将他们的兴趣、需求纳入教学理念中。比如午休和吃饭问题，本该和孩子一起商量做决定，孩子有权决定自己吃什么、怎么吃，是否要休息、要休息多久，但事实并非如此。

根据我近 30 年的实践经验，即使托儿所里最小的孩子也会使用图画卡点菜。有人会担心，孩子们只会点香草冰激凌，这个想法毫无依据，而且这么多年我从未遇到过这种情况。相反，我看到的是，孩子们是否能参与完全取决于工作人员的态度，不只是吃饭和睡觉问题，而是和孩子相关的所有问题。如果一个四岁的孩子因为不愿意穿连体下水裤，而被大声呵斥说不像幼儿园的孩子，我认为，这明显就是语言暴力。哪怕他已经明确表示自己不想穿，因为太热了，但他最后还是得穿。这完全没有尊重孩子的权利。这在幼儿园却经常发生。

当涉及学校中的儿童权利时，事情会更复杂。每天的大部分时间孩子们都在学校度过，那学校就不仅是学习的地方，还是社交的地方。然而，在很多时候，学校并没有达到这一要求。

联合国《儿童权利公约》规定，儿童有接受教育的权利，而且机会平等；小学教育应当免费，并且要保证儿童拥有充足的休息时间。如今，随着越来越多的学校实行全日制管理，我们更得彻底反思学校作为社交场所的重要性，而且从一开始就得让孩子们积极参与建设这一场所。德国的动态学校[1]就是一个很好的例子，它展示了教育模式的转变，也展示了学校如何实现可持续发展。

但要想改变，成人必须转变观念，让学校变成为孩子服务的地方，这是对成人最大的挑战，毕竟教育对个人的未来是否能取得成功有关键作用。我们担心做错事，担心没有做出正确的决定，从而导致孩子不能很好地适应未来，这完全可以理解。但现实是，我们已经做错了很多事，很多孩子没有获得最佳支持，反而常常

[1] 由德国人玛格丽特·拉斯菲尔德、格拉尔德·许特和斯特凡·布赖登巴赫于 2012 年创立，旨在鼓励学校批判性地审视目前对教育的理解，从而开辟一条通向新学习方式的变革之路。——译者注

受到羞辱和排挤。因此，如果我们真的敢于改变，那孩子们就能够在关注所有人需求的学校中健康成长。这样，他们就会成长为社会所需的栋梁之才。

以前那些所谓的良好教育方式已经过时，而且它们往往涉及侮辱、责骂、语言攻击、威胁、当众羞辱、勒索等情感暴力，会对孩子的心灵产生深刻影响。

从愿景到使命

非暴力未来是可能的，但需要经历几个阶段。我们可以把非暴力未来这一愿景想象成大家要一起爬的楼梯，每爬一步就离目标近一步，要想到达楼梯顶，需要所有人参与，而且在这艰苦的过程中要互相支持。无论个人还是社会，都要转变思维，摒弃那些曾珍视的教育理念，真正地改变行为模式，而不是口头说说。

我们构建了一个社会现实——成人负责，成人做决定。成人觉得自己无所不知，但在打造非暴力世界的过程中，成人要摒弃下面五个想法：

第一，成人比孩子更了解什么对孩子好。

第二，世界上有些孩子是小皇帝。

第三，好孩子听话，坏孩子为所欲为。

第四，给予孩子过多关注会让他们变得讨人厌。

第五，有太多自由的孩子会走上歧途。

直到今天，我们的脑海中还有这些想法，我们基本没有反思过，而且还以此教育孩子。虽然这些想法受文化和时代影响有所差异，但内核相同，我们几乎不会质疑，但只要仔细思考就会发现，很多想法涉及精神暴力。那么，实现非暴力使命的第一步，便是质疑、消除、摒弃那些无法让孩子健康成长的想法。

接下来，在和孩子相处、做决定时，请把孩子的幸福放在首位。到目前为止，孩子们一直被动地屈服于其他利益——经济利益、父母的需求和身份认同，以及我们对教育的普遍观念。我们可以让它们更适应孩子们的需求，只需要简单地问孩子们"你们需要什么"就可以。

告别成人中心主义——孩子知道自己的需求

德国神经生物学家格拉尔德·许特指出，孩子不是小大人，我们不该把他们当作大人。孩子就是孩子，根据不同的成长阶段，他们的需求和行为也会相应地发生变化。我们把他们当作小大人，就是把他们逼进了一段暴力关系——成人中心主义。

成人中心主义指的是，成人觉得自己比孩子更聪明、更有能力、更优秀，或者自己年龄较大可以随意无视孩子的意见和观点，是一种特殊歧视。成人和孩子之间本就天然存在权力差异，似乎所有权力都掌握在成人手中；孩子的需求、愿望和观点往往会被忽视，或被认为不重要。成人中心主义遍地存在，会发生在成人和儿童打交道的任何地方。有些话语也是成人中心主义，比如："你还太小，不要做这事！""你不行！""你要按照我说的去做！""大人在说话呢，小孩要安静！"等等。要是你问我现在谁还对孩子这样说话，那我的回答是：所有不认真对待孩子的人，所有不询问孩子意见的人。

某些人可能认为，询问孩子的需求很荒谬，孩子怎么知道自己需要什么呢？即使是开明的成人，也会觉得孩子会想要"玩具"或"一块巧克力"。这就是最典型的成人中心主义，一种歧视，认为成人更了解孩子。

援助之手——来自我的工作经历

曾在幼儿园员工线上培训课上，我提了这样的问题：你上一次说"你还太小，不要做这件事"或者"你还是个孩子"是什么时候？你知道这是在歧视孩子吗？很多人对此很疑惑。

亲爱的读者，我想请你也回顾一下，自己是否因为年龄小被歧视过。你曾做了别人希望你做的事，获得了奖励；你曾做了不该做的事，受到了惩罚。你因此学会了行使权力，而且屈从于这个强者发号施令、弱者按要求行事的世界运行规则，甚至滋生出权力滥用，因为你不知道这世上还有其他行事方式。我们对待孩子的方式，其实是在复制他人对待自己的方式，尽管我们有很多经验，有很丰富的知识储备。但歧视是暴力，要想摒弃它，得先承认自己使用了暴力，不管对孩子还是对自己。迈向非暴力的第一步就是领悟到将他人对待自己的方式原封不动地复刻到孩子身上的做法不对。只有这样，我们才知道如何看待孩子，如何与他们相处。与其对孩子说："你还是个孩子，我来告诉你这个世界是什么样的。"不如对孩子说："你还是个孩子，我会陪你一起走过人生旅程。"

孩子非常了解自己和自己的需求，也会将其表达出来。他们渴望参与生活，渴望在生活中表达自我。他们的表达方式带有强烈的孩童印记，我们的任务便是翻译、理解他们的需求。毕竟，孩子每天也在想办法理解我们！

不论非暴力亲子关系，还是非暴力社会，认真对待孩子都是关键一步。从前面提到的向榜样学习，我们知道了今天的孩子就是明天的成人。如果他们在小时候就学会用沟通、折中的办法解决矛盾，而不是使用权力和暴力，从长远上看将从根本上改变我们的生活方式，那是现在我们还根本无法想象的事。

只有认真对待孩子，才能激发孩子积极参与到影响他们的所有事情中，这是我们迈出的一小步。很多成人会很疑惑，甚至会立马反驳说："他们不明白会有什么后果！"其实孩子不必知道有什么后果，否则成人存在的意义是什么？但并不是说成人不需要仔细倾听孩子的意见。孩子的想法和建议来自他们的真实需求，并非毫无意义、不合逻辑，在这方面他们是专家。即使父母，或我这种研究儿童发展需求的专业人员，也不如一个孩子了解自己在各个年龄段的需求。我们永远都不要忘，孩子不是小大人，不是成人的不完美版。他们是他们自己的完美版！

因此，成人能做的最重要的事，就是和孩子聊天，不仅要陪孩子，还要让他们尽可能地参与生活。比如，我们可以问他们下面这些问题：

· 你如何看待这个世界？

· 你有什么愿望？

· 你想干什么？

· 我们一起想想办法来解决这件事，怎么样？

这样，孩子就成了我们真正的伙伴，帮助我们更好地理解他们。"孩子似的"也不再是贬义形容词。

·让我看看你的世界，那样我就能更好地理解它、保护它。

·告诉我你需要什么，这样我就不会把它强加给你。

·协助我做对你好的事，这样你才能以最好的方式成长。

·我已经忘了做孩子是什么感觉了，你要帮我回忆起来，因为你肯定比我更了解那种感觉。

·我保证，我会听你的意见，会认真对你，并让你参与所有决定。

这样的话，不论如何，我们都会了解孩子，真诚对待孩子，会用他们能够理解的方式解释世界以及成人的行为——"有时候，我无法顾及你，因为世界并不完美。哪怕我是大人，也有很多无法控制的事，但我愿意给你解释。如果你想生气，那我们就一起生气。比如，我得去上班，你很累却也得在六点起床，我知道这对你很不公平，你有权生气。但是，我也想告诉你，世界上的很多事就是这样不公平。谢谢你提醒了我，要不是你，我都不知道这些事是可以改变的。"

让孩子以这种方式积极参与，这对成人提出了很高要求。我们不仅要有耐心，要关注孩子，还要谦逊、自我反思，最重要的，要把关注点放在生活中充满矛盾的事上——那些我们已经习惯了的矛盾，那些为了让孩子成为完美的小大人所做的妥协，我们最好能反思一下这两个方面。

我们希望孩子身上有我们的影子，以此证明人性本善，而且他要非常符合社会的期待——有团队意识、社交能力强、聪明、有创造力、有特别之处、讨人喜欢、适应性强、有趣，没有任何缺点，像一个友好的产品，但孩子不是产品！我们在和他们相处时，不该不断使用各种新的、更好的教学方法，应该多陪伴他们，毕竟孩子一直在按照自己的节奏成长。虽然个体成长路径大同小异，但也可能大相径庭。家长不要为了让孩子取得社会意义上的成功便干预孩子的成长，相反，最重要的是创造有利于孩子成长的环境。让孩子茁壮成长是父母和社会的首要任务，我们要鼓励孩子，换位思考，鼓励孩子与内心的童真自我对话。而要做到这一点，最好的方式就是成人认真对待孩子。

停止对受害者的污名化

最后，我想谈谈情感暴力给受害者造成终生影响的污名化。凡是有暴力的地方，就有污名化。污名会催化一切已经对受害者造成的影响。如果说暴力是监狱，那污名就会转动钥匙给监狱上锁，并将钥匙扔掉。

任何一种暴力都会造成污名，每一个受害者都有污名，这也是他们一直保持沉默的原因。他们知道，表明自己是受害者很危险，而且整个社会都不喜欢谈论施暴者。所有人都觉得是受害者自身有问题才招致暴力，甚至受害者也这么认为。这不是无端想象，有研究表明，受害者会因自己的创伤经历做出错误的人生决定，曾是受害者的人往往会再次成为受害者。但是我认为，将原因归咎于受害者，而不讨论施暴者，这未免把事情想得太简单了。

其实，还是污名化在作祟。源于希腊语的 Stigma（污名）一词，最初是"伤疤"的意思，意为某人被标记了。美国社会学家欧文·戈夫曼深入研究了污名化对个人的社会影响——制造社交距离和虚假的安全感。"你和我不同，所以你成了受害者""这事不会发生在我身上，因为我和你不一样"，这是我们最常听到的话语。

没人会坦诚自己施加了或遭受了暴力，尤其是不为人知的情感暴力。因此，情感暴力只会隐秘地、无意识地出现，而受害人会在社交中反复遭受此暴力，因为他们习惯了。因此，遭受精神暴力的受害者更有可能也是身体暴力的受害者，反之亦然。父母患有精神疾病的人、有成瘾问题的人、穷人也会被污名化，而且在暴力发生的地方，会产生更多暴力。但催生暴力的不是受害者，而是寻找宣泄机会的暴力本身。整个社会允许对某人施暴，是因为社会已经认定这个人有点问题。

还有一些事情表明，社会公开承认我们对彼此施暴，尤其是对孩子。但我们不称其为暴力，而是教育。我们教育孩子源于我们的不信任，而且觉得有义务让孩子走在正轨上。"这都是为你好"

往往会引发一系列最可怕的"故事"。

使命（快要）实现了

在这里，我得强调一下，如果要实施非暴力教育方式，我们会承受巨大压力——外界压力、来自尚未准备摒弃暴力的人的压力。

不幸的是，这也属于暴力。它无处不在，目的是防止真实的暴力浮出水面。如果有人退出暴力游戏，就会激怒所有仍处在暴力循环中的人；如果某人不再打骂孩子，与孩子平等对话，很快就会被发现，由此引发一系列负面反应。

奇怪的眼神、嘲讽的评论可能是最轻的反应了。很有可能，不久后，别人甚至与你亲近的人会指责你没有用正确的方法教育孩子。这些人可能是教育界的权威人士，他们坚信自己的观点正确无误。他们会说："不能这样教孩子，你的教育自由给我们造成了困扰。你的孩子无法适应这里，我们这里不能出现这种情况。你得赶紧解决了！"一个"有问题"的孩子很快就会被诊断患有某种疾病，变成局外人、讨厌鬼、问题儿童。然后，污名化出现了。想要采用新的非暴力教育方式的父母总会遇到这种情况。我们需要勇敢地打破以前的模式，向社会、周围人，特别是家庭非常明确地表达："从现在开始，我们要为了孩子的幸福走一条不同的路！"

好在有越来越多的父母勇于使用全新的、不同的教育方式，而且也得到了理论支持。越来越多的神经科学研究证明，如今大家所理解的教育很有可能是不同程度的精神暴力。

我坚信，教育领域存在精神暴力的漫长时代即将结束。因为每当有一位父母或教育工作者决定不再使用充满情感暴力和精神暴力的教育方法，就会多一个人不再需要在成长过程中主动学习非暴力相处方法，而是理所应当地生活在非暴力世界中，并将其继续传承给自己的孩子。这样，打造非暴力世界这个和所有人息息相关的使命一定会慢慢实现！

后记

　　亲爱的读者，我想问问你，读完这本书感觉如何？ 是不是觉得自己的想法得到证实了呢？ 如果再有人说起情感暴力，你会感觉很欣慰，还是很生气呢？ 或许你会很高兴，因为你终于可以用新的方式思考和行动了。从现在开始，你会（更）有意识地处理情感暴力问题。

　　我很高兴，也很期待，因为你选择了一个极其困难，不受欢迎但很重要的主题来读，并坚持到了最后。你很勇敢，因为我在本书一开始就说过，你会重新认识自己。你选择这本书，花几个小时来开阔眼界，反思自己，说明你真的很关心孩子是否幸福！我觉得我们想法一致，都想打造一个非暴力世界。那从现在开始吧。

　　如果你是父母，或是和孩子相关的人，这些就更与你息息相关了！但其实，这也和每个人有关，因为大家都不可避免地会接触孩子，而我们对孩子的态度会反映出我们对弱者的态度。我们必须反复思考：我们是继续把孩子看作有缺陷的人，还是尊重他们是充满潜力且成熟的人？

　　我相信，可持续变化一定会发生。因为人类在各个领域都取得了巨大成就，在教育领域也会如此，而信息始终是迈向变革的第一步。

因此，我用本书前言末尾的那句话来结束本书：我坚信，只要我们齐心协力，从个人层面和社会层面做出改变，就一定能够给孩子创造出一个非暴力的童年。

图书在版编目（CIP）数据

情感暴力 /（德）安克·伊丽莎白·巴尔曼著；李
佳川译 . -- 昆明：晨光出版社，2025.1
　ISBN 978-7-5715-2338-1

　Ⅰ . ①情… Ⅱ . ①安… ②李… Ⅲ . ①儿童教育 - 家
庭教育 Ⅳ . ① G782

　中国国家版本馆 CIP 数据核字 (2024) 第 093771 号

Original title: Worte wie Pfeile: Über emotionale Gewalt an unseren Kindern und wie wir
sie verhindern
by Anke Elisabeth Ballmann
© 2022 by Kösel-Verlag, a division of Penguin Random House Verlagsgruppe GmbH,
München, Germany.
ALL RIGHTS RESERVED

著作权合同登记号 图字: 23-2023-050 号

QINGGAN BAOLI
情感暴力

[德] 安克·伊丽莎白·巴尔曼 —————— 著
李佳川 ————— 译

出 版 人　杨旭恒

选题策划　张秀敏
责任编辑　杨亚玲

出　　版　晨光出版社
地　　址　昆明市环城西路 609 号新闻出版大楼
邮　　编　650034
发行电话　（010）88356856　88356858
印　　刷　小森印刷霸州有限公司
经　　销　各地新华书店
版　　次　2025 年 1 月第 1 版
印　　次　2025 年 1 月第 1 次印刷
开　　本　145mm×190mm　32 开
印　　张　5.5
I S B N　978-7-5715-2338-1
字　　数　101 千
定　　价　49.80 元

退换声明：若有印刷质量问题，请及时和销售部门（010-88356856）联系退换。